VICTOR CHU

*Lebens**lügen**
und Familien-
geheimnisse*

VICTOR CHU

Lebenslügen und Familien-geheimnisse

Auf der Suche nach der Wahrheit

KÖSEL

Selbsterfahrungs- und Fortbildungsprogramme zum Thema dieses Buches können angefordert werden bei:

Dr. Victor Chu
Wiesenbacherstr. 52
69151 Neckargemünd
www.vchu.de

**Meinem Freund
Hansjörg Baumann gewidmet**

© 2005 by Kösel-Verlag GmbH & Co., München
Printed in Germany. Alle Rechte vorbehalten
Druck und Bindung: Pustet, Regensburg
Umschlag: Kaselow Design, München
Umschlagfoto: photonica/Kenna Love
ISBN 3-466-30678-7

*Gedruckt auf umweltfreundlich hergestelltem Werkdruckpapier
(säurefrei und chlorfrei gebleicht)*

Inhalt

Vorwort... 7

Typische Beispiele für Lebenslügen............... 13

Was ist eine Lebenslüge?......................... 19

Was ist Wahrheit, was Wahrhaftigkeit?........... 29

Wie entstehen Lebenslügen?...................... 46

Wie Gefühle die Wahrnehmung der Wirklichkeit
verzerren können................................. 51
Angst 59 – Trauma und Ohnmacht 64 – Trauer 72 –
Wut 75 – Scham 83 – Schuld 100 – Freude 107

Selbsttäuschung in der Liebe..................... 112

Familiengeheimnisse und Familientabus........... 139

Wenn Lebenskonzepte fehlschlagen und Lebens-
träume zerplatzen................................ 171

Kollektive Lebenslügen – die Verleugnung des
Todes... 182

Die verwundete Schönheit......................... 195

Die Heilung von Lebenslügen...................... 209

Dank 221

Anmerkungen 223

Zusammenstellung der Beispiele 225

Literatur 228

Vorwort

Dass Sie dieses Buch in die Hand nehmen, ist mutig. Es ist ein Zeichen innerer Reifung, wenn man sich fragt, ob man in manchen Dingen nicht Selbsttäuschungen und Illusionen erlegen ist. Obwohl es kaum jemanden gibt, der sich nicht gelegentlich etwas vormacht, ist es doch für die meisten Menschen peinlich, sich mit den eigenen Lebenslügen auseinander zu setzen. Es verlangt Mut, sich selbst gegenüber aufrichtig zu sein.

Ich hätte dieses Buch nicht schreiben können, als ich noch jünger war. Es bedurfte einer Reihe unangenehmer Selbsterkenntnisse und bitterer Wahrheiten, um zu erkennen, dass vieles von dem, was ich früher gedacht oder getan habe, auf Halbwahrheiten oder Selbsttäuschungen beruhte. Viele Gedanken waren noch vorläufiger Natur, sie waren nicht zu Ende gedacht.

Aber das ist normal. Wenn wir jung sind, brauchen wir noch unsere Illusionen. Man macht seine ersten Schritte ins Leben, probiert dieses und jenes aus, mehr oder weniger auf der Basis von »Versuch und Irrtum« oder »Wenn nicht heut, dann morgen«. Man sagt sich, ich habe noch Zeit, ich kann noch nicht alles wissen, muss noch meine Erfahrungen machen. Wenn etwas schief geht, kann der Fehler ja leicht korrigiert werden.

Irgendwann merkt man jedoch, dass das so nicht stimmt. Wir können nicht »vorläufig« leben. Das Leben findet statt – hier und jetzt. In jedem Augenblick muss man Entscheidungen fällen, kleine und große. Und alles hat seine Konsequenzen. Wie ich mich ernähre, was ich beruflich mache, mit wem ich zusammenlebe, ob ich Kinder bekomme oder nicht – jeder Schritt zieht den nächsten nach sich. Irgendwann entsteht aus einer Reihe unbedachter oder vorläufiger Schritte ein Weg, ein *Lebensweg*. Und wenn wir dann hinter uns schauen, merken wir, dass wir nicht mehr ohne weiteres zurück zum Ausgangspunkt können. Wir können dann nicht mehr so tun, als wären wir immer noch 20. Wir haben in der Art und Weise, wie wir gelebt haben, Tatsachen geschaffen, die nicht mehr rückgängig zu machen sind. Wir haben eine *Lebensgeschichte* hinter uns und aufgrund dieser Geschichte haben wir die positiven und negativen Folgen unseres Handelns zu tragen.

Gut, dass wir noch nicht am Ende unseres Weges angelangt sind. Wir haben noch ein Heute, und wir haben, mit einiger Wahrscheinlichkeit, noch ein Morgen. Zwar wissen wir nicht, wie lange dieses Morgen andauern wird – zum Glück weiß keiner genau, wann er sterben wird –, aber uns bleibt eine gewisse Zeit, in der wir unserem Leben eine andere Richtung geben können. Da diese Zeit immer begrenzt ist – irgendwann *werden* wir sterben –, sollten wir so früh wie möglich damit beginnen. *Am besten heute.*

Ein alter Freund und Weggenosse ist dieses Jahr plötzlich umgefallen und war tot. Er war nur ein paar Jahre älter als ich. Ich habe es zufällig von Freunden auf einer Tagung erfahren. Da ich dort mit meinem Vortrag beschäftigt war, schob ich diese Nachricht beiseite, ließ sie nicht so nahe an mich herankommen. Am nächsten Tag, einem Sonntag, fühlte ich mich auf einmal ohne äußeren Anlass ganz deprimiert. Ich wusste nicht, weshalb ich so »down« war. Ich stellte mich an die Tür und schaute in den Garten hinaus. Auf einmal begriff ich: Es war der Schock über die Todesnachricht. Ich ging ins Internet und suchte nach der Website des verstorbenen Freundes, von dem ich wusste, dass er ein Tagungshaus leitete. Die Homepage erschien, ich schaute in ein volles Programm und las, was er alles dieses Jahr noch vorgehabt hatte. Das Ganze trug seine Handschrift – optimistisch, zuversichtlich, kraftvoll. Am Ende des Programms war dann eine kleine Notiz seiner Mitarbeiter zu lesen, dass er, für alle völlig unfassbar, plötzlich verstorben sei. Ich weiß nicht, ob er selbst seinen Tod geahnt hat. Wahrscheinlich traf ihn der Schlag genauso unvorbereitet wie seine Umgebung.

... *Am besten heute.* Jetzt ist der einzig verlässliche Zeitpunkt, um unser Leben zu ändern. Wir wissen nicht, ob uns später die Gelegenheit noch gegeben sein wird, Irrtümer zurechtzurücken, Fehler zu bedauern, ungelebte Sehnsüchte zu leben. Wir kennen dieses Phänomen: Manche Menschen, die an einer unheilbaren Krankheit leiden, sind nach einer Zeit des Trauerns imstande, ihrem Leben eine neue Wendung zu geben. Sie finden in der kurzen Frist, die ihnen noch verbleibt, einen neuen Lebenssinn. Sie ordnen ihre Verhältnisse, suchen alte Freunde auf und begleichen ihre Schulden. Sie begeben sich noch einmal an vertraute Orte ihrer Vergangenheit und nehmen Abschied, sie erfüllen sich noch einen lang gehegten Wunsch. Verena Kast hat dies »abschiedlich leben« genannt.[1]

Mein verstorbener Freund hat nicht mehr Abschied nehmen können. Als ich es begriff, fragte ich mich, weshalb ich einen alten Wunsch, den ich seit langem hege, immer noch vor mich herschiebe. Ich habe immer davon geträumt, mir ein Wohnmobil anzuschaffen und damit loszuziehen. Das Geld habe ich mir schon lange angespart. Aber alle möglichen Bedenken hielten mich zurück: Ist es nicht vermessen, solch eine große Anschaffung zu machen? Wäre es nicht vernünftiger, ein Wohnmobil zu mieten statt zu kaufen? Steht das Gefährt nicht die meiste Zeit nur herum und muss gewartet und gepflegt werden? Bisher endeten diese Grübeleien immer damit, dass ich von meinem Wunsch Abstand nahm und mich damit tröstete, ich werde das Projekt verwirklichen, sobald ich in Rente gegangen bin. Dann habe ich endlich Zeit dafür!

An diesem Sonntag war es anders. Nein, sagte ich mir, jetzt oder nie. Ich erfülle mir den Wunsch. Es gibt keine Zeit zu verlieren, wo ich doch nicht weiß, ob ich je ins Rentenalter kommen werde, und wenn, ob ich dann noch gesund und reisefähig sein werde.

Bis zu diesem Augenblick hatte ich meinen Wunsch nicht richtig ernst genommen. Ich hatte ihn vor mir hergeschoben, als sei ich unsterblich, als würde ich immer gesund bleiben. Das stimmt aber nicht, es war Selbsttäuschung, eine Lebenslüge. In den letzten Jahren hat mein Körper mir mehr als einmal signalisiert, dass er nicht mehr alles mitmacht. Und der Tod meines Freundes zeigte mir, dass alles irgendwann ein Ende haben wird. Ich kann die Augen nicht mehr verschließen vor der Wahrheit.

Im Laufe des Schreibens an diesem Buch bin ich öfter auf eigene Halbwahrheiten, Selbsttäuschungen und Lebenslügen gestoßen. Ich entdeckte, wie ich manches nicht zu Ende gedacht habe, weil die Konsequenzen unangenehm gewesen wären. Ich merkte, wie ich manchen Wahrheiten nicht ins Gesicht zu schauen wagte, weil ich mich ihrer schämte. In vielen Dingen spürte ich meine Trägheit und die Tendenz, alles beim Alten lassen zu wollen. Statt zu schreiben saß ich in solchen Momenten gedankenverloren da oder lief unruhig herum. Das Thema ließ mich nicht los. Ich musste, entgegen meiner sonstigen Gepflogenheit, den Lektor immer wieder um einen Aufschub des Abgabetermins bitten. Erst mit der Zeit erkannte ich, dass ich in einen wichtigen inneren Prozess eingetaucht war, in dem ich mit meinen eigenen Selbsttäuschungen und Lebenslügen konfrontiert wurde. Ich gab mir daraufhin mehr Zeit. Ich erlaubte mir, an diesem Buch länger zu schreiben als an den früheren Büchern.

Es hat sich gelohnt. Dieses Buch zu schreiben hat mir die Gelegenheit gegeben, die Themen noch einmal anzuschauen und zu überprüfen, die ich in meinen bisherigen Büchern bearbeitet habe: Scham und Leidenschaft, Treue und Verrat, Sehnsucht, Erwachsenwerden. Im Laufe des Schreibens ist mir gleichzeitig klar geworden, wie viele Lügen uns in Politik und Gesellschaft aufgetischt werden und wie auch wir unseren Teil zu dieser kollektiven Selbsttäuschung beitragen. Es ist daher auch eine Rückkehr zum Thema meines ersten Buches »Psychotherapie nach Tschernobyl« vor fast 15 Jahren.

Am Ende habe ich erkannt, dass es beim Thema »Lebenslügen« eigentlich um die Wiederentdeckung alter Werte geht: um Ehrlichkeit und Wahrhaftigkeit, Mut und Zivilcourage, Demut und Toleranz. Es ist wohltuend, wahrzunehmen, dass es bei aller Widerborstigkeit des Themas im Grunde um die Suche nach innerer Wahrheit, Selbsterkenntnis und dem Sinn im Leben geht.

Es ist fast unvermeidbar, dass wir im Leben Fehler begehen und in Sackgassen landen. Ein Freund bemerkte, wie befremdet er sich gelegentlich fühlt, wenn er in alten Büchern blättert, die er vor 10 oder 20 Jahren geschätzt hat. Manches komme ihm doch recht naiv und unreif vor. Ich habe geantwortet: »Vielleicht kommt es dir nur aus heutiger Sicht so vor, als hättest du dich getäuscht. Aber damals wusstest du es nicht besser. Du warst überzeugt, auf dem richtigen Weg zu sein.« Wir neigen dazu, unsere Vergangenheit zu beurteilen und zu verurteilen, weil wir uns weiterentwickelt haben. Vielleicht ist es notwendig, dass wir Fehler machen, damit wir auf die richtige Fährte kommen. Vielleicht besteht zwischen Wahrheit und Unwahrheit ein dialektisches Verhältnis: Erst die These und Antithese *zusammen* ergeben die Synthese. Beim Erkenntnisprozess befinden wir uns auf einer immer währenden Spirale zwischen gegensätzlichen Polen. Vielleicht kommt es gar nicht so sehr darauf an, dass wir den richtigen Weg finden, sondern dass wir bereit sind, wenn wir in einer Sackgasse landen, unseren Irrtum zu erkennen und umzukehren. Vielleicht kommt es auf die Suche an, weniger auf das Finden. Der Weg ist das Ziel.

Auf meiner Entdeckungsreise haben mich einige Menschen begleitet. Sie haben mir geholfen, in der Spur zu bleiben. Der Austausch mit Freunden und Kollegen über das Thema war für alle anregend und hilfreich. Das stille Sitzen, wie ich es in der Zen-Meditation kennen gelernt habe, hat mir die Gelassenheit und Geduld geschenkt, die ich auf dieser Reise brauchte.

Ich wünsche Ihnen, lieber Leser, liebe Leserin, eine ähnlich anregende Reise.

Typische Beispiele für Lebenslügen

Persönliche Beispiele

Eine konkrete Antwort auf die Frage, was eine Lebenslüge sei, erscheint zunächst gar nicht so einfach. Aber fast jedem, den man danach fragt, fällt eine Lebenslüge aus seinem Leben ein. Hier einige Beispiele:

- »Meine Mutter ist unehelich geboren und wusste lange nichts davon. Ihre Mutter brachte sie zur Welt und gab sie gleich an ihre Eltern. Sie selbst ging weit fort und besuchte das Kind nur gelegentlich. Bei diesen Gelegenheiten wurde sie als die ›Tante‹ meiner Mutter vorgestellt. Meine Mutter glaubte bis zu ihrem sechsten Lebensjahr, ihre Großeltern seien ihre Eltern und ihre leibliche Mutter sei ihre ältere Schwester. Es war für sie ein Schock, als sie die Wahrheit erfuhr.« (Genaueres zu diesem Beispiel auf Seite 150 ff.)
- »Ich habe immer geglaubt, mein Vater liebt mich. Dass er es mir nicht zeigen konnte, habe ich meiner Mutter zugeschrieben, weil sie immer gestört hat, wenn ich mit meinem Vater allein sein wollte. Nun ist meine Mutter tot und ich entdecke, dass sich an der Distanz zu meinem Vater nichts verändert hat. Ich habe erkennen müssen, dass er mit mir einfach nichts anfangen kann. Sein Verhältnis zu meinem Bruder ist ganz anders.«

- »Ich habe immer geglaubt, meine Mutter liebt mich nicht. Sie hat nie ein Geburtstagsfest für mich organisiert, wie es die Mütter meiner Freundinnen getan haben. Als ich mich bei meiner Therapeutin darüber beklagte, fragte sie mich, ob ich je meine Mutter gebeten hätte, mir ein Geburtstagsfest auszurichten. Ich wäre selbst nie auf die Idee gekommen! Ich habe meine Mutter dann gleich gefragt. Sie war über meinen Wunsch überrascht und erfreut und hat mir sofort das nächste Geburtstagsfest ausgerichtet. Sie hat früher einfach nicht die Zeit gehabt, an so etwas zu denken, weil sie den ganzen Tag zu arbeiten hatte. Und ich habe geglaubt, sie liebt mich nicht!«
- »Ich habe geglaubt, dass ich eine glückliche Kindheit gehabt habe, bis meine ältere Schwester mir vor kurzem erzählte, dass sie jahrelang von unserem Vater sexuell missbraucht wurde. Sie habe immer versucht, mich und unsere jüngere Schwester vor ihm zu schützen. Da ist für mich eine Welt zusammengebrochen.«
- Ein Mann war zeitlebens unzufrieden mit seinem Beruf. Er erkrankte Mitte fünfzig an Krebs. Im Augenblick der Diagnose wurde ihm klar, dass er Künstler hätte werden sollen statt Beamter. Sein Vater hatte ihn dazu gedrängt, sich einen »sicheren« Beruf zu suchen. »Nun will ich in der wenigen Zeit, die mir noch verbleibt, endlich etwas für mich selbst tun«, sagt er: »Vor lauter Pflichterfüllung habe ich die Stimme meines Herzens ignoriert.«
- Ein Mann ist kürzlich von seiner Frau verlassen worden. Er versteht die Welt nicht mehr: »Ich weiß nicht, was mit ihr los ist. Das ist bestimmt der schlechte Einfluss ihrer neuen Freundin! Wir haben doch eine glück-

liche Ehe! Sie hat ein schönes Haus, genug Geld zum Ausgeben und ich gehe nicht fremd. Was will sie denn mehr?«
- »Ich bin verheiratet und habe drei Kinder. Ich habe immer geglaubt, ich hätte eine gute Ehe. Mein Mann behandelt mich und die Kinder anständig. Ich habe nie Grund zu klagen gehabt. Aber durch eine zufällige Begegnung mit einem anderen Mann ist mir auf einmal bewusst geworden, was mir bisher alles gefehlt hat: Liebe und Leidenschaft. Mit dem anderen Mann ist zwar äußerlich nichts passiert. Aber nun bin ich nicht mehr sicher, ob ich bei meinem Mann bleiben oder ob ich einen ganz neuen Anfang wagen soll.«
- »Ich habe neulich einen alten Schulkameraden auf einem Klassentreffen wiedergesehen. Er gestand mir, dass er schon immer in mich verknallt war. Das habe ich nie geahnt. Er guckte mich früher immer so böse an, dass ich vor ihm weggelaufen bin!«
- »Ich habe immer geglaubt, ich bin bescheiden. Ich fordere nichts, stelle mich gerne hintan. Nun bin ich draufgekommen, dass ich eigentlich Angst habe, mehr für mich zu fordern. Wenn ich nicht mehr vom Leben will, als ich bekomme, kann ich nie enttäuscht werden. Ich wüsste nicht, was ich tun würde, wenn ich meinen Traummann wirklich finden würde. Ich glaube, das wäre mir zu viel!«
- »Ich habe vor zwei Jahren mit einem meiner besten Freunde ein kleines Geschäft gegründet. Leider musste ich nach einiger Zeit feststellen, dass er mich belog und Geld unterschlug. Jetzt habe ich endlich unseren Vertrag gekündigt, bin gerade mit einem blauen Auge davongekommen. Ich hätte nie geglaubt, dass er zu sol-

chen Gemeinheiten fähig ist. Ich wusste zwar vorher, dass er sich Ähnliches anderen Menschen gegenüber geleistet hat. Aber ich habe fest daran geglaubt, mit mir würde er so etwas nie machen, wo wir doch so dick befreundet sind!«

Was ist das Gemeinsame an diesen Beispielen? Die betreffenden Menschen haben ihr Leben auf einer falschen Annahme aufgebaut. Sie haben sich etwas vorgemacht und haben ihr Leben darauf eingerichtet. Die Lüge, die sie sich dabei erzählt haben, erfüllte eine wichtige Funktion in ihrem Leben. Deshalb hielten sie sich daran fest, selbst wenn Widersprüche auftauchten. Manchmal darf eine Lebenslüge nicht hinterfragt werden, sie wird tabuisiert. Wenn die Wahrheit dann ans Licht kommt, gibt es eine große Erschütterung. Nicht selten kommt es zu einer Krise beim betreffenden Menschen und in seinem sozialen System, die das ganze bisherige Leben in Frage stellt.

Beispiele aus der Gesellschaft

Selbsttäuschungen treffen wir nicht nur bei Einzelpersonen. Lebenslügen finden wir häufig auch im gesellschaftlichen Zusammenhang. Sie betreffen unangenehme Tatsachen, denen die meisten von uns nicht gerne ins Auge schauen. Auch hierzu einige Beispiele:

- Viele Menschen pflegen heute den Jugendlichkeitskult. Wir möchten bis ins Alter jung bleiben, sogar »das Alter besiegen«. Fitness- und Sonnenstudios, Schönheitsfarmen und Schönheitschirurgen haben Hochkonjunk-

tur. Gleichzeitig werden wesentliche Probleme wie Einsamkeit im Alter, Altersarmut, Pflegenotstand, Überalterung der Gesellschaft verdrängt oder nicht ernst genommen.
- Dass wir uns seit einigen Jahren in einem von Menschen mit verursachten Klimawandel befinden, ist allseits bekannt. Es gibt jedoch nicht wenige Fachleute, die heute immer noch behaupten, der allgemeine Temperaturanstieg liege im Rahmen der statistischen Schwankungen; wir bräuchten uns keine Sorgen zu machen.
- Der Aktienboom Ende der 90er-Jahre und der ihm folgende Crash haben viele Menschen ihr Vermögen gekostet, andere die Alterssicherung. Kaum haben sich die Kurse etwas erholt, rühren Händler wieder die Werbetrommel. Mit Hilfe von 10- oder 20-Jahres-Statistiken behaupten sie, Aktien seien eine sichere und lukrative Geldanlage.
- 1999 wurde die deutsche Öffentlichkeit durch die CDU-Spendenaffäre aufgeschreckt. Nachdem prominente CDU-Politiker die Existenz geheimer Konten zugegeben hatten, gestand der ehemalige Parteivorsitzende Helmut Kohl, selbst mehrere Millionen Spendengelder persönlich angenommen zu haben. Die Namen der Spender wollte er aber unter Berufung auf sein »Ehrenwort« nicht nennen. Eine unabhängige Kommission stellte fest, dass zwei Drittel der Computerdateien im Kanzleramt nach der Bundestagswahl 1998 (bei der Helmut Kohl als Bundeskanzler von Gerhard Schröder abgelöst wurde) verschwunden waren, darunter auch die Akten aus dem Verkauf der ostdeutschen Leuna-Raffinerie an den französischen Staatsbetrieb Elf

Aquitaine, bei dem Schmiergelder gezahlt worden sein sollen. Die CDU stürzte in eine tiefe Krise. Die parlamentarischen Untersuchungen verliefen im Sand. Helmut Kohl behauptet noch nach Jahren, die Spendenaffäre sei ein Versuch seiner Gegner, seine Verdienste als »Kanzler der Einheit« zu schmälern. In der Folgezeit wurden Spendenaffären auch bei der SPD und FDP festgestellt. – Solche Enthüllungen werfen ein grelles Licht auf das Verständnis der betreffenden Parteien von Ehrlichkeit und Wahrhaftigkeit. Sie verlangen vom Bürger Steuerehrlichkeit, eine Ehrlichkeit, der sie selbst nicht nachkommen. Die Haltung Helmut Kohls zeigt einen erschreckenden Mangel an Schuldbewusstsein.

Was ist eine Lebenslüge?

Nach diesen individuellen und gesellschaftlichen Beispielen können wir uns nun der Frage zuwenden: Was ist eigentlich genau eine Lebenslüge? Zum besseren Verständnis werde ich im Folgenden die wichtigsten Thesen in Form einiger Grafiken und Tabellen darstellen. Sie werden es uns erleichtern, bei einem derart komplexen Thema, wo es um Täuschung und Selbsttäuschung geht, die Übersicht zu behalten. Außerdem können sich der Leser und die Leserin mit ihrer Hilfe rasch einen Überblick über das gesamte Gebiet verschaffen.

Was sind also Lebenslügen? Es sind Lügen, die wir uns selbst erzählen. Wir machen uns Illusionen – über uns selbst, unsere Beziehungen, unsere Umwelt – und diese Illusionen machen wir zur Grundlage unseres weiteren Lebens. Sie werden zu tragenden Pfeilern unseres Glaubenssystems.

Eine Lebenslüge ist eine Lüge,
- die ich mir selbst erzähle,
- an die ich selbst glaube,
- auf der ich mein Leben aufbaue.

Die wesentlichen Merkmale von Lebenslügen

- *Selbsttäuschung:* Eine Lebenslüge besteht aus Selbsttäuschungen.
- *Lebensgestaltende Kraft:* Aber eine Selbsttäuschung macht alleine noch keine Lebenslüge aus. Zur Lebenslüge werden Selbsttäuschungen erst, wenn sie die Kraft besitzen, das Leben der betreffenden Person maßgebend zu bestimmen. Eine Lebenslüge hat gestalterische Kraft, ja lebensgestaltende Kraft – das macht sie so unheimlich stark. Deshalb halten sich Lebenslügen so zäh. Sie schlagen Wurzeln in unserer Seele, geben uns eine Identität, sie liefern uns eine Erklärung der Wirklichkeit, schützen uns vor den Ambivalenzen und Komplexitäten des Lebens, sie geben uns Sicherheit in einer unsicheren Welt. Lebenslügen sind lieb gewonnene Unwahrheiten. Daher halten wir so verzweifelt an ihnen fest, selbst wenn alle Welt uns auf unsere Selbsttäuschung aufmerksam macht. Wir haben Angst, dass unsere Welt zusammenbricht, wenn wir sie in Frage stellen.
- *Grundüberzeugung:* Eine Lebenslüge hat in ihrem Kern einen Glaubenssatz oder eine Grundüberzeugung, zum Beispiel: »Die Welt ist schlecht! Alle wollen mir nur Böses!«
- *Legendenbildung:* Im Lichte dieser Grundüberzeugung interpretieren wir unsere Lebensgeschichte, die dadurch zur Legende wird. (»Schon bei meiner Geburt haben meine Eltern mich abgelehnt – kein Wunder, dass aus mir nichts geworden ist!«)

- *Lebenskonzept:* Daraus erwächst ein Lebenskonzept oder Lebensskript: Wir beginnen, unser Leben im Sinne unserer Überzeugung zu führen. (»Weil ich sowieso abgelehnt werde, brauche ich mich nicht um irgendeine Beziehung zu bemühen!«)
- *Falsche Prämissen:* Wenn wir nicht fähig sind, die Realität wahrzunehmen, das heißt »als wahr anzunehmen«, dann denken und handeln wir auf der Grundlage falscher Prämissen. Eine Lebenslüge ist eine solche falsche Prämisse, eine falsche Vorannahme, auf der man sein Leben aufbaut.

Eine Lebenslüge ist wie ...

- *ein Haus auf Sand gebaut:* Wenn wir unser Leben auf einer Illusion aufbauen, können wir noch so ernsthaft und gewissenhaft am Bau arbeiten, das Haus wird nicht stehen, weil sein Fundament nicht standhält. Selbst das kunstfertigste Haus bricht zusammen, wenn das Fundament morsch und schlüpfrig ist.

- *eine Mathematikaufgabe mit Hilfe einer falschen Formel lösen:* Selbst wenn alle unsere Einzelberechnungen richtig sind, kommt am Ende immer ein falsches Ergebnis heraus.

- *eine falsch geknöpfte Jacke:* Wenn der erste Knopf schon falsch geknöpft ist, erscheint schließlich die ganze Jacke schief.

Warum lügen wir uns etwas vor?

Individuelle Gründe

- *Sicherheit:* Die Wahrheit macht mir Angst – ich schaue lieber weg.
- *Vereinfachung:* Die Wahrheit ist zu kompliziert – ich mache sie mir etwas einfacher. Dann lässt sie sich leichter handhaben.
- *Trost:* Die Wahrheit ist zu grausam – ich baue mir eine tröstlichere Welt.
- *Schönfärben:* Die Wahrheit ist zu hässlich – ich beschönige sie lieber.
- *Scham:* Die Wahrheit beschämt mich – ich decke sie lieber zu.
- *Betäubung:* Die Wahrheit schmerzt zu sehr – ich mag nichts mehr empfinden.
- *Verleugnung:* Es kann nicht sein, was nicht sein darf.
- *Sinngebung:* Mein Leben hat keinen Sinn mehr, wenn ich nicht an irgendetwas glaube.
- *Verantwortung abschieben:* Ich will nicht schuldig sein – also schaue ich lieber weg.
- *Rollenumkehr:* Ich will nicht Opfer sein – lieber bin ich Täter, dann behalte ich wenigstens die Kontrolle.
- *Projektion:* Ich will nicht Täter sein – jemand anders ist schuld.
- *Bequemlichkeit:* Ich belasse lieber alles beim Alten. Veränderungen sind mir zu anstrengend.

Kollektive Gründe (aus dem familiären und sozialen System)

- *Unwissen:* Ich werde klein und unwissend gehalten.
- *Manipulation:* Ich werde bewusst belogen, falsch informiert oder manipuliert.
- *Zensur und Tabu:* Man verbietet mir, weiterzudenken oder weiterzufragen.
- *Sanktionen:* Ich werde bestraft, wenn ich weiterdenke oder weiterfrage.
- *Eintrittsticket:* Ich habe Angst, ausgeschlossen zu sein, wenn ich mich nicht anpasse. Ich möchte dazugehören.
- *Lügensystem:* Alle lügen. Warum nicht auch ich?

Auswirkungen von Lebenslügen

Emotionale Taubheit: Man reagiert nicht adäquat auf die Außenwelt. Das Gefühlsleben ist unvollständig. Bestimmte Emotionen und Affekte wie Angst, Schmerz, Wut, Liebe oder Scham spürt oder kennt man nicht.

Tabuisierung und Vermeidung der Wahrheit: Man vermeidet bestimmte Themen, Personen, Orte oder Aktivitäten. An bestimmten Jahrestagen wird man nervös oder traurig. Im Gespräch wechselt man das Thema, sobald die Sprache auf heikle Punkte kommt. Bestimmte Personen aus dem eigenen Leben oder der Familie werden einfach »ausgeblendet«, wichtige Ereignisse aus der Vergangenheit werden »vergessen«. Man hat »Lücken« in seiner Biographie, auf bestimmte Fragen gibt man eine pauschalisierende Antwort, zum Beispiel »Ja, ich habe eine schöne Kindheit gehabt (... aber frage bloß nicht weiter!)«. Bei manchen Themen gibt es einen Denkstopp, ein Denkverbot oder ein Blackout.

Übermäßige Vorsicht, Wachsamkeit, Schreckhaftigkeit und Gespanntheit: Man hat Angst vor irgendetwas, aber weiß nicht, wovor. Daher ist man nur selten entspannt oder ruhig.

Alpträume, gruselige Wachträume, Flashbacks: Man wird von Alpträumen, gruseligen Wachträumen und »Flashbacks« (blitzartigen Erinnerungen an traumatische Erfahrungen) heimgesucht. (Diese ersten vier Punkte sind übrigens Symptome für unverarbeitete Traumata, siehe Seite 64 ff.)

Schwebender, schlafwandlerischer Zustand: Man ist nicht richtig »da«, schwebt quasi ein paar Zentimeter über dem Boden. Wenn man angesprochen wird, schreckt man auf, als wäre man aus einem Traum herausgerissen. Man interessiert sich nicht für die Realität, ist verträumt, verlegt Sachen, vergisst Verabredungen, läuft wie mit Scheuklappen herum.

Verlust der natürlichen Spontaneität: Man reagiert nicht mehr spontan, wirkt hölzern und abgestumpft.

Distanzierung von nahen Bezugspersonen: Man hat Angst vor Nähe, vor persönlicher oder erotischer Intimität. Nahe Bezugspersonen spüren eine unsichtbare »Mauer«, wenn sie sich einem nähern. Man ist wie unberührbar.

Konspirative Beziehungen: Umgekehrt ist man an bestimmte Menschen emotional gebunden, mit denen man irgendein Geheimnis zu teilen scheint. Man kann sich von ihnen schlecht abgrenzen, steht mit ihnen wie in einer telepathischen Verbindung.

Geheime oder absonderliche Neigungen: Man beschäftigt sich übermäßig mit skurrilen oder gruseligen Personen, Dingen oder Themen, die gar nicht zu dem Leben passen, das man sonst führt. Man verkehrt ausschließlich in bestimmten Kreisen, Geheimbünden oder Subkulturen. Wird man auf diese Verbindungen angesprochen, leugnet man deren Existenz oder Bedeutung.

Doppelleben: Man führt ein Doppelleben. Nach außen zeigt man eine bürgerliche Fassade, während man in einer Schattenwelt eine andere Identität lebt.

Doppelte Buchführung: Widersprüche und unangenehme Tatsachen blendet man lieber aus. Man will sich nicht so intensiv damit beschäftigen.

Zweideutigkeit: Man ist in bestimmten Bereichen nicht ganz fassbar. Auf Fragen gibt man nichts sagende oder ausweichende Antworten.

Projektion: Unangenehme Eigenschaften von sich selbst schreibt man lieber anderen zu, während man die eigene Person in gutem Licht sieht.

Selbstgerechtigkeit: Anderen gegenüber ist man überstreng, während man die eigenen Fehler und eigene Schuld abstreitet oder verharmlost.

Misstrauen: Man ist gegenüber allem Fremden und Unvertrauten extrem misstrauisch. Selbst die Ehrlichkeit nahe stehender Personen wird in Zweifel gezogen, wenn ein bestimmtes Thema berührt wird.

Idealisierung und Abwertung: Man sieht sich und andere ausschließlich in positivem oder negativem Licht, man ist entweder überkritisch oder total begeistert, malt alles schwarz oder weiß.

Starres Lebenskonzept, Vorurteile, Ideologie: Man besitzt ein eindimensionales Selbst- und Weltbild, das durch nichts in Frage gestellt werden darf. Man richtet sich dogmatisch nach einer bestimmten Lebensphilosophie oder -ideologie, von der man keinen Zentimeter abrückt.

Realitätsverlust: Durch die starre innere Einstellung verkennt man leicht die Wirklichkeit. Besonders aktuellen Veränderungen gegenüber ist man blind.

Widerstand gegen Feedbacks: Man ist taub gegenüber den Rückmeldungen anderer und bleibt stur bei der eigenen Wahrnehmung oder Meinung.

Leugnung von Tatsachen: Man leugnet wichtige Ereignisse oder Beziehungen aus dem eigenen Leben ab, zum Beispiel die eigene Herkunft, eine »dunkle Vergangenheit«, frühere Liebesbeziehungen, Schwangerschaften, Abtreibungen.

Selbstentfremdung und Bildung eines falschen Selbst: Man entfernt sich immer weiter von seinem eigentlichen Selbst (dem »Wesenskern«). Man entwickelt eine Fassade, eine Maske (das »falsche Selbst«) und verliert den Kontakt zu seinem »wahren Selbst«.

Entfremdung von der Umwelt: Man entfernt sich immer mehr von den Menschen, denen man eigentlich nahe sein möchte. Man kapselt sich immer mehr von der Umwelt ab, verliert das Interesse am Leben.

Zukunftsfixierung: Man verliert den Bezug zur Gegenwart, indem man an Zukunftsvisionen und Lebensträumen hängt, die unrealistisch sind oder sich nicht realisieren lassen (zum Beispiel an einer politischen oder religiösen Ideologie, einem unerfüllbaren Liebestraum).

Vergangenheitsfixierung: Man verliert den Bezug zur Gegenwart, indem man an Lebenskonzepten hängt, die sich überlebt haben (zum Beispiel an einer verflossenen Liebe, der verlorenen Heimat, Gegenständen oder Einrichtungen aus der Vergangenheit).

Illusorische Wünsche: Man hängt illusorischen Wünschen nach (zum Beispiel, dass man von seinen Eltern oder einem Traumpartner endlich geliebt werde, wenn man nur bestimmte Bedingungen erfüllt).

Unbegründete Ängste: Man befürchtet ständig, dass etwas Schlimmes geschehen könnte (zum Beispiel, dass der Partner fremdgeht, dass eine Katastrophe passieren oder ein Krieg ausbrechen könnte).

Positive Auswirkungen von Lebenslügen

- Sie bieten mir einfache Antworten auf schwierige Fragen.
- Sie geben mir eine (Schein-)Identität.
- Sie geben mir (scheinbar) einen Platz im Leben, eine Zugehörigkeit, ein Zuhause.
- Sie definieren meine Beziehungen (scheinbar) eindeutig.
- Sie verleihen meinem Leben (scheinbar) Sinn und Ausrichtung.
- Sie beseitigen (scheinbar) Angst, Zweifel und Unsicherheit.
- Sie unterdrücken schlimme Gefühle wie Scham- und Schuldgefühle, Schmerz, Einsamkeit, Trauer und Wut.

Negative Auswirkungen von Lebenslügen

- Sie erzeugen eine Scheinwelt, eine Scheinidentität, Scheinbeziehungen.
- Die Welt wird vereinfacht und verzerrt wahrgenommen, in Schwarz/Weiß, Gut/Böse eingeteilt.
- Unangenehme Tatsachen werden ausgeblendet, umgedeutet oder unterdrückt.
- Die Verantwortung und die Schuld am eigenen Versagen werden auf andere projiziert.
- Zensur und Tabus werden errichtet, Kritik wird unterdrückt.
- Dadurch besteht zu bestimmten Themen ein Denk-, Frage- und Fühlstopp und -verbot.
- Zu bestimmten Bezugspersonen und Informationsquellen besteht eine Kontaktsperre oder der Kontakt wird vermieden.
- Dadurch verliere ich den Realitätsbezug. Ich lebe immer mehr in einer Scheinwelt.
- Ich komme irgendwann nicht mehr weiter im Leben, privat und/oder beruflich, und lande in einer Sackgasse.
- Ich befinde mich in einer Art Schwebezustand, bin geistig nicht richtig anwesend, bin verträumt und für andere Menschen nicht richtig greifbar.
- Ich handle aufgrund falscher Prämissen, deshalb mache ich dauernd Fehler.
- Auf eine Lüge folgt zwangsweise die nächste. Mein Lügengebäude wird immer komplizierter, bis es irgendwann einstürzt.
- Um das Ganze auszuhalten, flüchte ich in die Sucht.

Was ist Wahrheit, was Wahrhaftigkeit?

Jetzt wagen wir einen kühnen Sprung – wir schwingen gewissermaßen mit dem Pendel von der einen Richtung in die entgegengesetzte: von der Lüge zur Wahrheit! Denn bevor wir fortfahren können mit der Erörterung der Lüge, müssen wir erst einmal wissen, was Wahrheit ist. Wir können nicht verstehen, was mit »unwahrhaftig« gemeint ist, wenn wir nicht wissen, was »wahrhaftig« bedeutet.
Wir müssen dabei zwischen einer objektiven und einer subjektiven Wahrheit unterscheiden.

Was ist objektive Wahrheit?

Eine *objektive Wahrheit* ist die Übereinstimmung einer Aussage mit ihrem Gegenstand. Wenn ich sage: Die Erde ist rund, dann ist das wahr.
Objektive Wahrheiten sind Gegenstand der Wissenschaft. Sie beruhen auf Wissen und können durch Beobachtung, Messung, Berechnung und Experiment bestätigt werden. Man spricht dann von einem Beweis.
Das Gegenteil einer objektiven Wahrheit ist der *Irrtum*. Ich habe mich geirrt, wenn ich eine objektive Wahrheit verkenne. Die Behauptung, die Erde sei flach, hat sich im

Laufe der Zeit durch wissenschaftliche Beobachtungen als Irrtum erwiesen, sie war falsch. Irrtümer beruhen auf Unwissen, lückenhaftem Wissen, Unerfahrenheit oder ungenauen Beobachtungen und Messungen. Da wissenschaftliche Beobachtungen häufig eine Unschärfe beinhalten, spricht man eher davon, dass eine Behauptung *wahrscheinlich* sei, als dass sie absolut wahr sei. Der Streit, ob etwas objektiv wahr oder falsch ist, wird wissenschaftlich ausgefochten.

Objektive Wahrheiten festzustellen erscheint auf den ersten Blick einfach: Wir brauchen nur Wissenschaftler zu befragen. Dies führt jedoch nur in den Fällen zu eindeutigen Ergebnissen, bei denen der Gegenstand der Untersuchung klar umgrenzt ist und die Messmethoden genau dem untersuchten Gegenstand entsprechen. Die Polizei kann vielleicht herausfinden, dass ein Fußabdruck am Tatort vom Fuß eines Verdächtigen stammt, aber damit ist nicht erwiesen, dass er auch der Täter ist. Der Fußabdruck ist nur ein Indiz. Es müssen weitere hinzukommen. Fingerabdrücke auf der Tatwaffe oder eine DNA-Analyse an der Kleidung des Opfers erhärten den Verdacht. Wenn dann noch Zeugen den Verdächtigen am Tatort und zur Tatzeit gesehen haben, dann ist die Wahrscheinlichkeit groß, dass er der Täter ist. Aber es handelt sich immer noch um eine Wahrscheinlichkeit. Erst wenn Zeugen den Verdächtigen bei der Tat beobachtet haben oder wenn er ein Geständnis ablegt, steht er als Täter fest. Jedoch selbst dann könnte es sein, dass Zeugen sich irren. Oder der Geständige sagt, er habe die Tat begangen, obwohl er es nicht gewesen ist – zum Beispiel, weil seine Aussage erpresst wurde oder weil sich der Betreffende selbst bestrafen oder jemand anderen decken möchte.

Damit sind wir bei der Frage nach der subjektiven Wahrheit angelangt:

Was ist subjektive Wahrheit?

Eine *subjektive Wahrheit* ist die Übereinstimmung des Gesagten (oder Gedachten) mit der tatsächlichen Meinung oder Überzeugung des Sprechenden. Folgende vier Begriffe spielen dabei eine zentrale Rolle:

Ehrlichkeit: Ich bin ehrlich, wenn ich meine, was ich sage. Ehrlichkeit ist *nach außen gerichtet.*

Lüge: Ich lüge, wenn ich etwas anderes sage, als ich meine oder denke. Meine Aussage deckt sich nicht mit meiner inneren Meinung oder meiner Überzeugung. Das Lügen ist ebenfalls ein *nach außen gerichtetes Verhalten.*

Wahrhaftigkeit: Wahrhaftigkeit ist die Liebe zur Wahrheit, die innere Notwendigkeit, zur Wahrheit zu stehen, und das Bemühen, die Wahrheit zu erkennen und danach zu leben. Wahrhaftigkeit bezeichnet also eine *innere Haltung* des betreffenden Menschen. Er ist für sich selbst »durch-sichtig« (transparent), das heißt, er kennt sich selbst. Er ist sich treu. Er steht zu sich. Ein wahrhaftiger Mensch kann durchaus nach außen unehrlich sein, also lügen – er ist sich dessen aber bewusst, dass er lügt und weshalb er lügt, und übernimmt die Verantwortung für die Lüge und deren Konsequenzen.

Unwahrhaftigkeit: Mit Unwahrhaftigkeit bezeichnen wir die Scheu vor der Wahrheit, die Neigung, unbequemen, beschämenden oder schmerzlichen Erkenntnissen aus dem

Wege zu gehen, den Dingen nicht auf den Grund zu gehen. Unwahrhaftigkeit bezeichnet ebenfalls eine *innere Haltung* des betreffenden Menschen. Er möchte nicht wissen, wer er im Grunde seines Herzens ist. Er kennt sich infolgedessen nicht. Insofern hat er oft eine Schein-Identität, er führt ein Schein-Leben und Schein-Beziehungen. In seinem Wesen hat er etwas Unbestimmtes. Er ist schwammig, zeigt wenig Stand und innere Substanz. Lebenslügen finden sich bei einem Menschen, der sich gegenüber unwahrhaftig ist. Selbst wenn er es ehrlich meint, das heißt sich bemüht, nach außen ehrlich zu sein, können weder sein Gegenüber noch er selbst sicher sein, dass das, was er sagt, auch wirklich wahr ist.

Nun kommen wir der Sache schon näher. Was wir mit Lebenslügen meinen, deckt sich mit dem, was in der Ethik als *Unwahrhaftigkeit* definiert ist. Ich beziehe mich dabei auf Otto Friedrich Bollnow, einen Philosophen und Pädagogen, der von 1903 bis 1991 gelebt hat. Um den Sachverhalt so deutlich wie möglich darzustellen, möchte ich aus seiner Schrift über die Tugenden zitieren.[2] Ich bringe das Zitat so ausführlich, weil es in seiner Eindeutigkeit und Prägnanz unübertroffen ist. Diese Stelle ist entscheidend für das Verständnis von Lebenslügen:

»In jedem politischen System, überhaupt wo Menschen unter der Herrschaft einer ›öffentlichen Meinung‹ zusammenleben, entsteht dies Problem aus der Tendenz einer Anpassung des Einzelnen an die Erwartungen, die von außen her an ihn herangebracht werden. Jede Macht, jeder Staat, jede Kirche, aber auch beispielsweise jede herrschende wissenschaftliche Anschauung oder künstlerische Strömung entwickelt notwendig die Tendenz, die Anpassung an ihre Wertungen zu fordern oder zu begünstigen.

Immer entsteht dann für den Einzelnen die Frage, wieweit er sich diesen Forderungen anpassen kann und wo er sich ihnen entgegensetzen muss. *Der Widerspruch ist immer gefährlich.* Daraus entspringt die Tendenz, sich auch da anzupassen, wo man es ›eigentlich‹ nicht mehr verantworten kann. Damit beginnt der Geist der Unwahrhaftigkeit. (...) Es ist billig, sich in pharisäerhaftem Dünkel darüber zu erheben. Niemand kann sich diesen Konflikten in entsprechenden Lagen entziehen, und oft sind solche Entscheidungen von tiefer Verantwortung getragen. Unentrinnbar sind wir alle in diesen Geist der Unwahrhaftigkeit verstrickt. Aber ebenso unentrinnbar sind wir den Wirkungen dieser Unwahrhaftigkeit ausgeliefert: der Aufweichung des gesamten sittlichen Bewusstseins, in der nichts Festes mehr zu greifen ist. Und vor diesem Hintergrund einer alles zersetzenden Unwahrhaftigkeit hebt sich dann die ganze Bedeutung einer konzessionslosen Wahrhaftigkeit ab: Nur in ihr kann der Mensch sein eignes Wesen ergreifen.

Die Forderung der Wahrhaftigkeit tritt damit in das Zentrum der sittlichen Beurteilung. Sie ist unabdingbar. Mag sie im einzelnen Fall mehr oder weniger realisiert sein, ja in verzweifelten Lagen überhaupt unrealisierbar scheinen – in der Forderung selber ist etwas Absolutes ergriffen. Sie ist unabhängig von allem sonstigen Wechsel sittlicher Wertungen.

(...) Aber ein gewohnheitsmäßiger Lügner ist noch etwas andres als ein unwahrhaftiger Mensch. Die Lüge wendet sich nach *außen*. Sie will täuschen. Sie will überhaupt einen bestimmten Zweck in der Welt erreichen. Sie will mit Hilfe der unwahren Aussage einen bestimmten Vorteil erreichen oder einen bestimmten Nachteil vermeiden (oder in pathologischen Fällen vielleicht auch die Täuschung des andern als Selbstzweck genießen). Die Wahrhaftigkeit aber (oder Unwahrhaftigkeit) wendet sich nach *innen*, das heißt sie lebt in der Beziehung des Menschen zu sich selbst. Man spricht daher in einem betonten Sinn auch von einer inneren Wahrhaftigkeit. (...) Die Wahrhaftigkeit geht also auf das Verhalten des Menschen zu sich selbst. Sie bedeutet die innere Durchsichtigkeit und das freie Einstehen des Menschen für sich selbst. Und wenn man die Verhältnisse übersteigern wollte, so könnte man geradezu sagen, dass auch der innerlich wahrhaftige Mensch lügen kann. Eine ehrliche Lüge ist etwas andres als eine Unwahrhaftigkeit. Eine ehrliche Lüge, das bedeutet, dass der Mensch sich nichts darüber vormacht, dass er lügt – dass er weiß, dass er damit etwas Unrechtes tut und trotzdem die Verantwortung für diese Lüge auf sich nimmt. *Die Unwahrhaftigkeit aber setzt da ein, wo der Mensch sich selbst etwas vormacht, wo er auch sich selbst gegenüber nicht zugibt, dass er lügt, wo er sich die Verhältnisse vielmehr so zurechtlegt, dass er auch sich selbst gegenüber den Schein der Ehrlichkeit wahrt.* (...) Kant spricht gelegentlich von einer gefährlichen Neigung des menschlichen Herzens, zu ›vernünfteln‹, das heißt an den Verhältnissen so lange herumzudeuteln, bis ihm das ihm bequemere Verhalten zugleich als das objektiv gerechtfertigte erscheint. *Weil aber der Mensch so die an ihn herantretenden Fragen nicht sauber zu Ende zu denken wagt, sondern den ihm unbequemen Zusammenhängen halb bewusst, halb unbewusst aus dem Wege geht und immer dabei ein uneingestandenes dunkles Gefühl seines Unrechts behält, entsteht jenes Verhältnis schwe-*

bender Unbestimmtheit im Verhältnis des Menschen zu sich selbst, das allgemein das Wesen der Unwahrhaftigkeit ausmacht. Daraus folgt dann umgekehrt für das Wesen der Wahrhaftigkeit, dass sie im klaren und entschiedenen Verhalten des Menschen zu sich selbst begründet ist. (...) *Wahrhaftigkeit ist die einem Widerstand abgenötigte Durchsichtigkeit eines Menschen für sich selbst.* (...) Nicht dass der Mensch diese oder jene besondere Schuld auf sich geladen hat, ist das Gefährliche, sondern dass er auch beim kleinsten Verrat an der Wahrhaftigkeit von der Substanz seines Selbstseins verliert. Der Bösewicht hat einen schlimmen Charakter, er ist schlecht in seiner Substanz, aber er hat noch eine Substanz; der Unwahrhaftige aber hat die Substanz überhaupt verloren. Er versinkt in der Unentschiedenheit eines leeren Nichts. Darum ist die Entscheidung, ob ein Mensch wahrhaftig oder unwahrhaftig ist, nicht die von gut und böse, sondern die viel elementarere von Selbst-sein und Wesenlos-sein, von Substanzlosigkeit. Daher ist die Erziehung zur Wahrhaftigkeit der entscheidende Ansatzpunkt, um den Menschen zum freien Selbstsein zu führen.«

Definition der Lebenslüge

Bei Bollnow finden wir, bei aller verständlichen Emphase – wir müssen uns vergegenwärtigen, dass der Autor das Dritte Reich durchlebt hat –, eine klare Definition von Lebenslügen. Eine Lebenslüge ist etwas, *was»der Mensch sich selbst (...) vormacht,* wo er auch sich selbst gegenüber nicht zugibt, dass er lügt, wo er sich die Verhältnisse vielmehr so zurechtlegt, dass er auch sich selbst gegenüber den Schein der Ehrlichkeit wahrt«. Diese Selbstlüge entsteht dadurch, dass »der Mensch die an ihn herantretenden Fragen nicht sauber zu Ende zu denken wagt, sondern den ihm unbequemen Zusammenhängen halb bewusst, halb unbewusst aus dem Wege geht und immer dabei ein *uneingestandenes dunkles Gefühl seines Unrechts* behält«. Hier »entsteht jenes Verhältnis *schwebender Unbestimmtheit im Verhältnis des Menschen zu sich selbst*, das allgemein das Wesen der Unwahrhaftigkeit ausmacht.«

Wenn Bollnow von innerer Substanz und Selbstsein spricht, dann kommt dies dem Konzept des Wesenskerns nahe, das ich im Buch *Scham und Leidenschaft* beschrieben habe. Das Bild des Wesenskerns steht für das innerste Zentrum unseres Wesens. Es entspricht dem, was man als »Seele« bezeichnet und was die moderne Psychotherapie mit dem Begriff »Selbst« meint.

Der Wesenskern

»In jedem von uns existiert ein Wesenskern. Das ist das Zentrum unseres Daseins. Er bestimmt unser ganzes Tun und Wollen. Wenn wir mit unserem Wesenskern in Kontakt sind, dann wissen wir instinktiv, was wir wollen, was wir tun müssen. Wir wissen, wozu wir auf der Welt sind und wohin wir uns entwickeln wollen. Wir beziehen den Sinn unseres Lebens aus diesem Kern. Nach fernöstlicher Vorstellung befindet sich die Mitte des Menschen im Zentrum seines Beckenraums. Auf Chinesisch heißt er ›Dan Tien‹, auf Japanisch ›Hara‹.«[3]

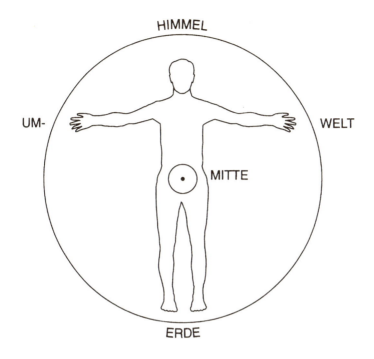

»Unser Wesenskern steht nicht für sich allein da. Er ist mit einer Quelle verbunden, von der er gespeist wird. Diese Quelle befindet sich im Zentrum unseres Wesenskerns. Wir symbolisieren diese Quelle durch den Mittelpunkt eines Kreises. Der Kreis stellt unseren Wesenskern dar. Sein Mittelpunkt ist die Urquelle oder die Urmitte. Viele Religionen nennen diese Quelle ›Gott‹ oder ›Göttin‹, die Chinesen nennen sie das Tao oder Dao (den Weg), Existenzphilosophen nennen sie das ›Sein‹. Diese Quelle verkörpert eine universale Kraft, durch die alles in der Welt mit Leben erfüllt wird.«[4]

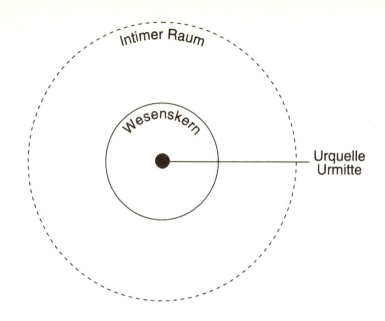

Körper, Seele, Geist

Im östlichen Denken sind Körper, Geist und Seele untrennbar miteinander verbunden. Nichts geschieht mit dem einen, ohne dass das Ganze mitbeteiligt ist. Ganzheitlich zu denken ist für den östlichen Menschen selbstverständlich. Ich stelle mir den Wesenskern ganz leiblich vor: Wie aus der Abbildung auf Seite 37 ersichtlich, fällt er mit der Mitte des Beckens zusammen, dem *Wurzel-Chakra* aus dem Indischen, dem *Dan-Tien* aus dem Chinesischen. Die Chakren sind Energiezentren, die von ganz unten bis ganz oben durch den menschlichen Körper ziehen. Alle Chakren haben ihre Wurzel entlang der Wirbelsäule, so dass, wenn ich mich auf meine Chakren konzentriere, mein Körper sich automatisch von unten nach oben aufrichtet.

Die aufrechte Körperhaltung hängt unmittelbar mit der geistigen Haltung der *Aufrichtigkeit* zusammen, die zur Wahrhaftigkeit gehört. Sie kennzeichnet einen Menschen, der frei zu seiner eigenen Meinung steht und selbst gegenüber Autoritäten sich treu bleibt. Der Gegensatz zur Aufrichtigkeit wäre Unterwürfigkeit bis hin zur Falschheit, welche mit einem gebeugten Körper, einer kriecherischen Haltung, gesenktem Haupt und schrägem Blick assoziiert ist. Alle diese Begriffe »Unterwürfigkeit«, »Kriecherischsein«, »den Schwanz einziehen« etc. sind so körperlich greifbar, dass uns der geistig-körperliche Zusammenhang unmittelbar einleuchtet.

Ähnlich steht es mit der Verbindung zum Spirituellen. Wenn ich mich körperlich mit meiner Beckenmitte verbinde, spüre ich nach einiger Übung eine Kraft in mir hochströmen, die nicht von mir ist. Sie kommt von woanders her. Diese Kraft verliere ich sofort, wenn ich mich körperlich zusammenfallen lasse. Darum ist die körperliche Aufrichtung bei vielen spirituellen Praxen von so zentraler Bedeutung, von der Zen-Meditation bis hin zu Tai-Chi.

Wir können also festhalten, dass Begriffe wie »Wesenskern«, »Aufrichtigkeit« und »Wahrhaftigkeit« körperlich-geistig-spirituell zu verstehen sind.

Wesenskern und innere Wahrheit

Der Wesenskern ist das, was einen jeden, eine jede als Person ausmacht. Solange ich mit meinem Wesenskern verbunden bin, spüre ich, was ich fühle, weiß ich, was ich denke, verhalte ich mich als der, der ich bin. Ich bin authentisch. Authentisch bedeutet hier: »von mir ausgehend, zuverlässig, glaubwürdig«. Oder, in Bollnows Worten ausgedrückt: »Ich habe eine innere Substanz.« Egal, ob diese Substanz gut ist oder böse, da ist ein Ich spürbar, auslotbar, greifbar. Ich stehe zu mir. Ich bleibe mir treu.

Ein Mann kam vor einigen Jahren in Therapie, weil er sich irgendwie unglücklich fühlte. Auf die Frage, weshalb er sich so fühlte, wusste er keine Antwort. Von seiner Kindheit wusste er auch kaum etwas zu berichten. Es wurde allmählich klar, dass er sich kaum spürte. Sein Körper war ihm fremd. Er hatte keinen Zugang zu seinen Gefühlen und Bedürfnissen – er wusste nicht, wie es ihm ging oder was er gerade brauchte. Er tat alles nach Schema F. Er stand morgens auf, weil er zur Arbeit musste. Er aß, weil man eben aß. Er saß vor dem Fernseher, weil er nichts mit seiner Freizeit anzufangen wusste. Er arbeitete und lebte als Hausmeister in einem Wohnheim, weil er sich dort einigermaßen aufgehoben fühlte und das vage Gefühl hatte, gebraucht zu werden. Das einzige Vergnügen, das er sich gönnte, war das Rauchen.

Wir fingen an, auf seine Empfindungen und Emotionen zu achten. Wir machten einfache Wahrnehmungsübungen. Er begann, seinen Körper als seinen eigenen zu begreifen. Er achtete nun auf seinen Atem und merkte zu seiner eigenen Verwunderung, dass ihm die Zigaretten gar nicht schmeckten. Er konnte jetzt Gefühls- und Stimmungsschwankungen registrieren und begann, sich an seine Träume zu erinnern. Sein Leben gewann an »Farbigkeit«. Erinnerungen aus der Kindheit stiegen auf. Er begann zu verstehen, wieso er so geworden war, wie er war: Er war in einem lieblosen Elternhaus aufgewachsen, in dem er mehr verwahrt als erzogen wurde und weder Aufmerksamkeit noch Zuwendung bekam. So war seine Gefühls- und Empfindungswelt abgestumpft. Er kannte sich nicht als fühlendes Wesen. Er war sich selbst fremd.

Als er mit der Therapie aufhörte, war er mit vielem in seinem Leben noch nicht zufrieden. Aber er wusste jetzt mehr, was er brauchte. Er aß, was ihm schmeckte, achtete mehr auf seine Gesundheit und seine äußere Erscheinung. Er suchte nach einer neuen Arbeit und wollte bei dieser Gelegenheit in eine andere Stadt ziehen, die ihm besser gefiel.

An diesem Beispiel können wir ersehen, wie es ist, wenn man von seinem Wesenskern entfremdet ist. Man spürt sich selbst nicht, weder körperlich noch gefühlsmäßig. Man lebt wie ein Roboter oder ein Träumender. Man kennt die eigenen Bedürfnisse nicht, spürt stattdessen ein vages Verlangen. Dieses versucht man durch vordergründigen Zeitvertreib zu stillen, man lässt sich willenlos von Modetrends leiten oder man gleitet in die Sucht ab. (In unserem Beispiel rauchte der Mann und saß stundenlang vor dem Fernseher.)

Die Seele im Dornröschenschlaf – auf die Reifung warten

Ich stelle mir den Wesenskern einer sich selbst entfremdeten Person wie eine in einem Kokon verpackte Raupe vor. Was drinnen geschieht, weiß keiner. Manchmal fühle ich mich auch an das Märchen *Dornröschen* erinnert. Ringsherum sieht man nur das undurchdringliche Dornengestrüpp. Die eigentliche Person »schläft« innerhalb dieser undurchdringlichen Schutzschicht. Man kommt von außen überhaupt nicht an sie heran, ohne sich zu verletzen. Bei Dornröschen kamen alle Freier, die zu ihr vordringen wollten, jämmerlich um. Und innen lebt die eingeschlossene Person in einem Zustand, den man früher als »tumb« bezeichnet hat: In diesem Begriff sind Eigenschaften wie dumm, dumpf, stumpf, taub und betäubt inbegriffen. Tatsächlich befindet sich jemand, der mit seinem eigenen Wesenskern nicht in Kontakt steht, wie in einem betäubten Zustand. Er kennt sich nicht, er ist sich selber fremd. Er ist wie unter Drogen – daher auch die Anfälligkeit für Süchte.

Aber bei Dornröschen war irgendwann der Fluch der 13. Fee vorbei – diese war von Dornröschens Eltern nicht zum Geburtsfest der Prinzessin eingeladen worden und sprach den Fluch aus, dass sie sich an ihrem 15. Geburtstag an einer Spindel stechen und tot umfallen solle. Jedoch milderte die zwölfte Fee den Fluch ab und wandelte den Todesspruch in einen 100-jährigen Schlaf. Und der Zufall wollte es, dass gerade, als die 100 Jahre vorbei waren, ein tapferer Prinz vorbeikam. Er hörte von der schlafenden Königstochter und wagte sich in die Dornenhecke. Da geschah etwas Wunderbares: Ohne dass er kämpfen musste, tat sich die Hecke von selber auf – sie verwandelte sich in blühende Blumen – und ließ ihn hinein ins Schloss, wo er alle Menschen und Tiere in tiefem Schlaf vorfand. Schließlich gelangte er zum Dornröschen und gab ihm den erlösenden Kuss. Da erwachte das Mädchen und mit ihm alle Geschöpfe auf dem Schloss.

Dieses Märchen ist eine wunderbare Allegorie für die schicksalhafte Verstrickung, in die ein unschuldiges Kind (hier das Dornröschen) aufgrund eines Verschuldens seiner Eltern (sie missachteten die 13. Fee und luden sie nicht ein) geraten kann. Das schreckliche Todesurteil wurde durch die Fürsprache einer Gegenmacht aufgehoben und abgemildert. Das Mädchen verfiel in einen Dämmerschlaf. Das Schloss, Symbol seiner Seele, wurde von einer undurchdringlichen Dornenhecke umwuchert. Das Kind wurde unsichtbar und unberührbar. Sein Wesenskern war nicht mehr greifbar.

Alle Liebenden – im Märchen waren es die Prinzen, die zu Dornröschen vorzudringen versuchten – verletzen sich, wenn sie sich einer solchermaßen verpanzerten Person anzunähern wagen. Ein Mensch, dessen Seele taub ist, verletzt und stößt andere von sich ab, ohne es zu wollen.

Liebe allein genügt nicht. Es muss erst der Fluch sich erfüllen, bis der Bann gebrochen ist. Das kann im realen Leben bedeuten, dass wir Zeit und Geduld brauchen, bis eine Person aus ihrer Betäubung aufwacht. Alles hat seine Zeit, auch die Heilung der Seele.

So ist es auch mit der Therapie. Viele Leidenden kommen zum Therapeuten oder zur Therapeutin und suchen nach Heilung von ihrer Störung.

- Wahrheit ist eine Frucht, die nur reif gepflückt werden soll.

Voltaire

Aber wenn sie innerlich noch nicht bereit sind, ihr Leiden als ein Stück ihrer selbst und ihrer Lebensgeschichte anzusehen, dann »schneidet« sich der Therapeut in dem Versuch, zu ihrer Seele vorzudringen. Der Klient stellt, ohne es bewusst zu wollen, quasi alle Stacheln nach außen und lässt niemanden herein – weder seine Lieben noch den Therapeuten. Es muss in ihm selbst erst die Sehnsucht nach seiner eigenen Seele erwachen. Wie der tapfere Prinz im Märchen muss er selber bereit sein, das Dorngestrüpp, das ihm den Zutritt zu seinem Wesenskern verwehrt, niederzureißen. Eine Therapie ist wie ein Sich-Durcharbeiten zur eigenen Seele, durch die inneren Widerstände hindurch.

Deshalb verlassen manchmal Klienten unverrichteter Dinge die Therapie, weil die Zeit noch nicht reif ist – daran ist niemand schuld, sie sind einfach noch nicht so weit. Vielleicht warten sie noch eine Weile, bis sie einen neuen Versuch starten. Manchmal hilft es auch, einen anderen Therapeuten oder eine andere Therapeutin aufzusuchen – nicht jeder Therapeut passt zu jedem Klienten; auch hier ist eine persönliche Übereinstimmung wichtig.

Anderen Klienten gelingt es zwar, die äußeren Schichten zu überwinden. Sie lernen sich selbst besser kennen, auch in ihren »stachligen« Seiten, kommen aber irgendwann nicht mehr weiter. Dann müssen sie vielleicht warten, bis die nächste Schicht genügend »eingeweicht« ist für die nächste Schälung. Mit der Seele ist es bisweilen wie mit einer Frucht am Baum. Man kann ihre Reifung nicht forcieren. Man kann nur geduldig warten und aufmerksam bleiben, darauf vertrauend, dass irgendwann der Bann sich löst und die Hecke sich öffnet.

Es muss gleichzeitig jemand da sein, der sich für die Dornenhecke und das, was dahinter verborgen liegt, interessiert. Denn allein kann sich kaum jemand seelisch heilen. Selbsthilfe, so wertvoll sie auch bei vielen Problemen und Krankheiten ist, stößt bei seelischen Störungen schnell an die Grenzen, an denen wir uns selbst zu gut kennen und auf unsere eigenen Tricks und Selbsttäuschungen hereinfallen. Es bedarf meistens eines Gegenübers, der die betreffende Person mit Sympathie und Wohlwollen einerseits, aber auch mit kritischem Interesse andererseits auf der Reise zur eigenen Seele begleitet. Dieser andere Mensch kann ein Elternteil, ein Lehrer oder eine Lehrerin, ein Freund oder eine Freundin, der Lebenspartner oder die Lebenspartnerin, auch ein Therapeut oder eine Therapeutin, ein spiritueller Lehrer oder eine spirituelle Lehrerin sein.

Wenn alles wohl gestimmt zusammentrifft – die 100 Jahre, ein Prinz, der sich für die Person interessiert, die hinter der Dornenhecke verborgen liegt –, dann öffnet sich die Seele wie von selbst, mühelos. Man hat das Gefühl, die vorher verschlossene Blüte entfaltet sich von selbst, erwacht aus der Erstarrung und findet zu neuem Leben. Dieses Sich-Öffnen der Dornenhecke, ihr Erblühen in duftende Blumen, die Begegnung zwischen Prinz und Königstochter und der Kuss sind natürlich wunderschöne, im Märchen kaum verschlüsselte erotische Gleichnisse. Auch dies ist nicht von ungefähr, erzeugen doch Liebe und Sexualität neues Leben und eröffnen neue Perspektiven in die Zukunft. Die Dornenhecke ist nun nicht mehr nötig. Die Seele wird, in Bollnows Worten, »durchsichtig« für sich selbst. Die Hüllen und Panzerungen um den Wesenskern fallen ab und geben ihn frei. Die Person, die vorher sich selbst nicht gespürt hat, nimmt wieder Fühlung mit ihrer Seele auf.

● Es gehören zwei dazu, die Wahrheit zu entdecken; einer, der sie ausspricht, und einer, der sie versteht.

Khalil Gibran

● Wahrhaftigkeit ist die einem Widerstand abgenötigte Durchsichtigkeit eines Menschen für sich selbst.

Otto Friedrich Bollnow

Wie entstehen Lebenslügen?

Nun kommen wir zur spannenden Frage: Wie entstehen eigentlich Lebenslügen?

Wie reagieren Kinder auf Lügen?

Als Kinder waren wir alle wahrhaftig. Es gibt für ein Kind nur die Wahrheit. Lug und Trug stehen außerhalb seines Vorstellungsvermögens. Deshalb sagen wir: Kinder sind unschuldig. Wenn man einem Kind eine Lüge etwa im Scherz erzählt, nimmt es alles für bare Münze. Es versteht nicht, warum die Erwachsenen und die größeren Kinder darüber lachen. Es versteht nicht, wenn man es anschwindelt. Für ein Kind ist alles wahr, was ein Erwachsener ihm sagt. Es sagt von sich aus immer die Wahrheit. Ein Kind meint, was es sagt, und es erwartet, dass sein Gegenüber das Gleiche tut.

Wenn ein Kind merkt, dass sein Gegenüber lügt, dann zeigt es eine typische Reaktion: Es springt mit einem Aufschrei der Empörung auf: »Das ist nicht wahr, was du sagst! Das ist gelogen!« Diese Reaktion ist spontan und kommt aus dem Herzen.

Im Märchen *Des Kaisers neue Kleider* von Hans Christian Andersen fiel der eitle Kaiser auf zwei Betrüger herein, die ihm Gewänder aus einem prächtigen »unsichtbaren« Stoff anfertigten, die nur diejenigen sähen, die ihres Amtes würdig oder die nicht dumm seien. Da weder der Kaiser noch seine Minister es wagten, zuzugeben, dass sie dumm oder für ihre Position ungeeignet seien, priesen sie die Kleider über alle Maßen. Schließlich zog der Kaiser mit seinem ganzen Gefolge in einem feierlichen Zug durch die Straßen. Alle Zuschauer jubelten, keiner traute sich zuzugeben, dass er dumm oder unwürdig sei – bis ein Kind in der Menge schrie: »Aber er hat doch nichts an!« Da rief sein Vater aus: »Hört die Stimme der Unschuld!« Dies verbreitete sich in Windeseile, bis das ganze Volk schrie: »Er hat ja nichts an!«

Wie reagieren Erwachsene auf Lügen?

Die Lösung im Märchen erscheint mir allerdings recht märchenhaft: Ein unschuldiges Kind schreit die Wahrheit heraus und die Erwachsenen, die allesamt vorher nicht den Mut gehabt haben auszusprechen, was sie mit eigenen Augen sahen, lassen sich von der »Stimme der Unschuld« überzeugen. In der Realität würde der Vater mit einem verschämten und empörten »Schschsch!« sofort den Mund des Kindes zuhalten und mit einem entschuldigenden »Es meint das nicht so – es ist ja noch so klein!« sich schleunigst aus dem Staub machen. Zu Hause würde er dem Kind eine Tracht Prügel verabreichen und ihm eintrichtern: »Wenn alle dem Kaiser zujubeln, darfst du nicht aus der Reihe tanzen! Du hättest uns an den Galgen bringen können!« »Aber der Kaiser hat doch wirklich nichts angehabt!«, würde das Kind weinend entgegnen. »Natürlich. Ich habe auch nichts gesehen. Aber merke dir eins: Der Kaiser und die Mehrheit haben immer Recht! Du darfst dir deinen Teil denken, aber ihn nie aussprechen!« So entsteht *Doppelmoral*. Jeder denkt sich seinen Teil, aber aussprechen darf man ihn nur, wenn es opportun erscheint. Es kommt zu einer Aufspaltung der Wirklichkeit: Die Wahrheit hält man schamhaft im Untergrund verborgen, nach draußen erzählt man sich Lügen, bis man sie irgendwann selber glaubt: Hat der Kaiser nun Kleider an oder nicht?

Motive für die Verleugnung der Wahrheit

Wie das Beispiel zeigt, gibt es soziale Gründe für Lügen und Unwahrheiten, es gibt aber auch individuelle Motive für Selbsttäuschungen. Zunächst zu den *sozialen Gründen*:

Angst vor Verfolgung und sozialer Ausgrenzung: Als soziale Wesen sind wir darauf angewiesen, in unserer Gruppe akzeptiert und aufgenommen zu sein. Die Gruppe sichert unsere physische und psychische Existenz. Unser Gefühl von Identität und Sicherheit hängt entscheidend von unserer Gruppenzugehörigkeit ab. Daher lernen wir von Kindesbeinen an, uns an die Normen unserer jeweiligen Gesellschaft anzupassen. Dieser Hang zur Konformität erfasst selbst die Außenseiter der Gesellschaft – auch diese fühlen sich meist einer Randgruppe oder einer Subkultur zugehörig. Es gehört viel Selbstbewusstsein und Zivilcourage dazu, gegen die Macht der Obrigkeit (die in feudalen Gesellschaften und Diktaturen das Sagen hat) oder die Meinung der Mehrheit (in demokratischen Gesellschaften) aufzustehen. Auch Revolutionäre brauchen Verbündete.

Tabus: Die Macht der Institution oder der Mehrheit kann so weit gehen, dass sie ein Thema tabuisiert. Sie schreibt dann die offizielle »Wahrheit« vor. Alles, was nicht zur Ideologie passt, fällt dem Tabu anheim: Man darf die realen Wahrheiten nicht mehr aussprechen, man darf sie nicht einmal denken. Anders Denkende werden sanktioniert, unter Druck gesetzt, gefoltert, ausgebürgert, in Sippenhaft genommen, umgebracht. So funktioniert jede Art religiöser oder politischer Fundamentalismus. Ähnlich entstehen in der Privatsphäre Familiengeheimnisse, indem unliebsame Wahrheiten totgeschwiegen werden. Wir werden im nächsten Kapitel auf *Angst, Scham* und *Schuld* als emotionale Grundlagen solcher Verleugnungen eingehen.

Soweit zu den sozialen Gründen von Lebenslügen. Es gibt daneben auch *individuelle Motive:*

Die Wahrheit ist zu schmerzhaft, um ertragen zu werden:
Es gibt Erfahrungen und Erkenntnisse, die so schrecklich oder schmerzlich sind, dass wir sie nicht ertragen können. Ein alltäglicher Verkehrsunfall kann für die Beteiligten und die umstehenden Zeugen so schlimm sein, dass sie noch Tage später von den grauenhaften Bildern nicht loskommen. Kriege und Bürgerkriege können Soldaten wie Zivilisten so traumatisieren, dass sie ihr Leben lang nicht mehr von ihren Erlebnissen wegkommen, so dass sie ihre Erinnerungen verdrängen müssen. Auch im privaten Bereich können plötzlich hereinbrechende Katastrophen wie der unerwartete Tod eines Angehörigen oder die unvor-

hergesehene Trennung der Eltern ähnliche Reaktionen auslösen. Lang andauernde familiäre Belastungen wie eheliche Spannung, Arbeitslosigkeit, Missbrauch oder Inzest können für die Beteiligten so schmerzlich sein, dass sie lieber die Wahrheit verleugnen.

Die Wahrheit ist mit dem bisherigen Leben unvereinbar: Die meisten von uns brauchen ihre vertraute Umgebung, ihre täglichen Gewohnheiten, ihre Bezugspersonen und -gruppen, um sich sicher und mit sich selbst identisch zu fühlen. All das gibt unserem Leben eine äußere und innere Struktur. Es gibt uns Halt. Wenn dieser Rahmen ins Wanken gerät, fühlen wir uns bedroht. Wenn wir innerlich stabil sind und die äußeren Bedingungen nicht allzu schwierig sind, können wir die Krise überwinden. Wenn die Realität jedoch die Grundfesten unseres Daseins erschüttert, dann halten wir die Wahrheit oft nicht aus und laufen vor ihr weg. Wenn man sich zum Beispiel sein Leben lang auf den Partner verlassen hat, möchte man gar nicht wissen, dass er sich vielleicht für einen anderen interessiert. Wenn die wirtschaftliche Lage immer schlechter wird, hoffen die meisten Beschäftigten, die Krise möge an ihrer Firma vorübergehen. Vor den Anzeichen einer lebensgefährlichen Krankheit, sei es Krebs, sei es Aids, verschließen viele die Augen. Dann laufen wir lieber vor der Wahrheit weg, bis sie uns irgendwann einholt und zu Fall bringt.

Wie Gefühle die Wahrnehmung der Wirklichkeit verzerren können

Emotionale Überlastung gefährdet unsere Wahrnehmung der Wirklichkeit

Gefühle spielen eine zentrale Rolle bei der Entstehung von Selbsttäuschungen und Lebenslügen. Wir verlieren unsere klare Sicht der Welt, wenn wir von unseren Gefühlen überwältigt werden. Dann entstehen Wahrnehmungsverzerrungen: Wenn wir *Angst* haben, verschließen wir die Augen. Vor *Ekel* wenden wir unseren Blick ab. Vor *Scham* schlagen wir unsere Augen nieder. *Liebe* und *Hass* verzerren ebenfalls unseren Blick für die Wirklichkeit. Der Verliebte übersieht die Fehler seiner Angebeteten, während der Hasserfüllte nur noch die negativen Seiten seines Feindes wahrnimmt. Wenn wir Opfer einer *traumatischen Erfahrung* werden, können wir in einen tranceartigen Zustand fallen, der uns gänzlich der Realität enthebt – wir wissen nachher nicht mehr, was uns passiert ist. All dies sind Beispiele dafür, wie intensive Gefühle unsere Wahrnehmung der Wirklichkeit beeinträchtigen können.

Gefühle als Kompass für unsere Innenwelt

Der zweite Grund, warum unser Gefühlsleben eine herausragende Rolle bei der Entstehung von Lebenslügen spielt, liegt darin, *dass viele unserer Selbsttäuschungen und Illusionen aus einem Missverständnis und einer Fehleinschätzung unserer Gefühle entspringen.* Unsere Gefühle sind unsere natürlichen Signale, die uns sagen, wie es uns geht. Sie geben Auskunft über unser inneres Befinden. Wenn wir unsere eigenen Gefühle nicht kennen oder sie falsch interpretieren, fehlt uns der Kompass für unsere Innenwelt. Wir finden uns in uns selbst nicht zurecht. Wir verirren uns im Gestrüpp unserer Emotionen, empfinden nur ein chaotisches Durcheinander, wenn wir in uns hineinspüren. Der Weg zu unserer inneren Wahrheit bleibt uns versperrt. Wir sind dann »Analphabeten« unserer Innenwelt.

Was müssen wir wissen, damit wir mit unseren eigenen Gefühlen umgehen können? Hier möchte ich drei Begriffe einführen: Gefühlsausdruck, Gefühlsbewegung und das Gehaltensein.

Gefühlsausdruck

Jede Emotion hat einen spezifischen Ausdruck. Wenn wir traurig sind, weinen wir. Wenn wir uns freuen, lachen wir. Jede emotionale Erregung baut Energie in uns auf, die sich wie Wasser in uns langsam aufstaut und nach einem Abfluss sucht. Indem wir das Gefühl ausdrücken – durch Lachen, Weinen, Schreien oder Schimpfen –, fließt die angestaute Energie ab. Wir spüren eine Erleichterung: Wenn wir beispielsweise vor Trauer weinen, ist es zwar schmerzlich, aber wir fühlen uns erleichtert, nachdem wir uns ausgeweint haben.

Wenn wir uns jedoch am Ausdrücken unserer Gefühle hindern, zum Beispiel aufgrund eines äußeren Verbotes (»Ein Junge weint nicht!«) oder aufgrund einer inneren Hemmung (»Die anderen sollen nicht merken, wie traurig ich bin!«), dann staut sich die innere Spannung in uns an. Wir müssen Dämme gegen die ansteigende Flut bauen – so entsteht eine innere *Panzerung*.

Gefühlsbewegung

Gefühle sind dazu da, dass wir uns aus uns hinausbewegen. Das aus dem Lateinischen abgeleitete Wort für Gefühl, »Emotion«, bedeutet wörtlich »hinausbewegen«. So hat jede Emotion eine für sie spezifische Bewegung, die ein bestimmtes Ziel anstrebt. Der Zornige will den Gegner vernichten oder vertreiben. Der Ängstliche hingegen will vor der Gefahr fliehen und sich in Sicherheit bringen. Der Liebende fliegt seiner Angebeteten entgegen. Jedes Gefühl hat also neben dem affektiven Anteil auch eine motorische Komponente.

Wird dieser motorische Anteil unterdrückt, kommt es zu einem Stau der körperlichen Energie. Wir versteinern im Gesicht, halten den Atem an, machen uns körperlich steif, um die aufwallenden Gefühle niederzuhalten. Bluthochdruck kann beispielsweise die Folge sein, wenn man seine aggressive Energie ständig zurückhält. Man fühlt sich körperlich angespannt und nervös und versucht sich durch Rauchen, Essen oder Trinken abzulenken und die innere Erregung zu unterdrücken.

Gefühle brauchen einen inneren und äußeren Halt

Um unsere Gefühle fühlen und ausdrücken zu können, brauchen wir drittens *Halt*. Wir haben eben unsere Gefühle mit ansteigendem Wasser verglichen. Damit wir mit der anflutenden Wassermenge fertig werden, brauchen wir im übertragenen Sinne ein Gefäß. Im Gefäß können wir das ansteigende Wasser sammeln – und wenn wir einen Hahn daran hätten, könnten wir den Abfluss regulieren. Es ist ja nicht immer ratsam, unsere Emotionen, besonders wenn sie heftig sind, sofort, immer und überall auszudrücken, gelegentlich müssen wir sie überlegt regulieren und dosieren. Zum einen könnte es sonst zu einer unerwünschten Reaktion der Umwelt kommen, wenn wir unsere Affekte unkontrolliert ausdrücken – wenn man seinem Chef frontal die Meinung sagt, riskiert man eine Kündigung. Zum anderen könnten wir selber vom Ansturm unserer Gefühle überschwemmt werden und »explodieren«. Damit wir nicht die Kontrolle über uns verlieren, brauchen wir einen inneren und äußeren Halt.

Wenn wir uns zum ersten Mal verlieben, sind wir vielleicht so überwältigt von der Heftigkeit dieses neuartigen Gefühls, dass wir total verwirrt sind und erst einmal weglaufen. Dann vertrauen wir unser Geheimnis vielleicht einer Freundin oder einem Freund an. Im Gespräch lernen wir, diese unheimlich-schöne Empfindung in uns einzuordnen und anzunehmen. Das Gespräch gibt uns einen *äußeren Halt*. Danach sind wir vielleicht eher in der Lage, die Nähe der angebeteten Person zu ertragen. Allmählich lernen wir, mit unseren leidenschaftlichen Gefühlen umzugehen – wir haben einen *inneren Halt* dafür gefunden.

Wie wir mit unseren Gefühlen umgehen, lernen wir zuerst in der Familie. Es gibt zum Beispiel Familien, in denen Wut als Gefühl verpönt ist – man darf nur »lieb« sein. Wenn das Kind nach einem Streit mit einem Klassenkameraden wütend nach Hause kommt, wird es beschwichtigt: Es solle doch seinen Gegner verstehen und sich versöhnen. Das verwirrt das Kind, denn es muss erst mal seine Wut ausdrücken dürfen, bevor es sich wieder vertragen kann. Wenn Wut aber in seiner Familie tabuisiert ist, lernt das Kind nicht, mit diesem Gefühl angemessen umzugehen. Es gerät jedes Mal außer Fassung, wenn es Wut oder Zorn in sich spürt – *es hat keinen äußeren, folglich auch keinen inneren Halt für seine aggressiven Gefühle. Diese »verschwinden« dann aus seiner Gefühlswelt.* Erwachsen geworden, meint die betreffende Person, sie sei friedlich wie ein Lamm. Irgendwann kann es aber passieren, dass dieselbe Person Amok läuft und andere Menschen verletzt oder gar tötet. Ihre verdrängte Wut hat sich blindlings Bahn gebrochen – diese Person hat ein völlig verkehrtes Bild von sich selbst gehabt.

In einer anderen Familie ist vielleicht Angst verpönt. Jedes Mal, wenn das Kind ängstlich reagiert, wird es ausgelacht. Mit der Zeit lernt es seine Ängste zu unterdrücken und sich hart zu machen, bis es tatsächlich keine Angst mehr empfindet. Irgendwann, in späteren Jahren, könnte es aber passieren, dass die betreffende Person von heftigsten Panikattacken überfallen wird, mitten auf der Straße, ohne jeglichen Anlass. Sie gerät völlig außer sich, da sie nie gelernt hat, mit ihren Angstgefühlen umzugehen.

»Gefühlsschule«

An diesen Beispielen erkennen wir, wie wichtig es ist, dass Eltern ihre Kinder in all ihren Gefühlsäußerungen verstehen, ihnen Halt geben und erklären, was gerade mit ihnen los ist, wenn sie dieses oder jenes fühlen, und wie sie mit diesen Emotionen umgehen können. Das ist wie eine »Gefühlsschule«.

Das zornige Kind im obigen Beispiel muss vielleicht von seinen Eltern bestätigt bekommen, dass sie verstehen, warum es so wütend ist. Sie können ihm erzählen, dass sie sich ähnlich wütend gefühlt haben – dann fühlt es sich schon nicht mehr so alleine mit seinem Zorn. Danach können sie mit ihm zusammen nach Möglichkeiten suchen, wie es sich mit seinem Kameraden auseinander setzen und den Konflikt lösen könnte. Die Eltern des ängstlichen Kindes im anderen Fall können es zuerst in den Arm nehmen und trösten – dies ist körperlich erfahrbarer Halt. Sie können ihm bestätigen, dass es wohl große Angst gehabt habe. Nun sei aber die Gefahr vorbei, es könne sich beruhigen. Dann können sie sich überlegen, wie es das nächste Mal, wenn es wieder Angst bekommt, reagieren könnte. Auf diese Weise lernt das Kind seine Gefühle kennen und verstehen.

Die meisten von uns haben aber nie eine »Gefühlsschule« besucht. Wir haben die Art und Weise, wie unsere Eltern mit ihren Gefühlen umgegangen sind, »blind« übernommen. Wir fühlen, wie sie fühlen. Was sie nicht fühlen, kennen wir ebenfalls nicht. Insofern sind wir wie Halb-Analphabeten: Wir kennen uns nur mit der halben Klaviatur unserer Gefühlswelt aus. Es ist, als müssten wir eine Melodie auf einem Klavier spielen, bei dem die Hälfte aller Tasten fehlt! *Wenn wir uns mit unseren Emotionen nicht auskennen, dann liegen wir mit der Interpretation unseres Lebens oft schief.* Unsere Lebenskonzepte stimmen nicht. Wir verstehen uns selbst nicht. Wir können uns anderen nicht verständlich machen. Wir kommen nicht dahinter, was uns fehlt. Wir wären den Stürmen des Lebens ausgeliefert wie ein Schiff, dem der Kompass fehlt. Wenn uns der Kompass fehlt, sind wir angewiesen auf die Deutungen und Meinungen anderer. Wir übernehmen kritiklos die Lebenskonzepte unserer Eltern. Wir leben das, was sie uns vorgeben, und kennen unser eigenes Lebensziel nicht. Wir werden anfällig für Rattenfänger, Demagogen und Gurus. Wir glauben dem, was uns die Werbung vorgaukelt. Wir sind verführbar und manipulierbar.

Was wir in der Kindheit nicht gelernt haben, können wir uns aber nachträglich aneignen. In der folgenden Tabelle habe ich die wichtigsten Gefühle aufgelistet, mit dem dazu passenden Halt, dem Ausdruck/der Bewegung und dem Ziel.

Die wichtigsten Gefühle

Gefühl	Benötigter Halt	Ausdruck/ Bewegung	Ziel
Angst	Gehalten werden, Trost, Schutz, Beistand	Angstschrei, Flucht oder Angriff, sich tot stellen, bis die Gefahr vorbei ist	Sicherheit, Vertrauen, Trost, Geborgenheit finden
Ohnmacht (Traumatisierung)	Beistand, Schutz, Fürsprache, Respekt, das Gefühl, vom Leben getragen zu werden (Gottesvertrauen)	Zusammenbrechen, Niederlage anerkennen, um Gnade flehen, sich ergeben	Sich einer höheren Macht anvertrauen, Wiederherstellung der eigenen Würde, Wiedererlangung der eigenen Kraft
Trauer	Gehalten werden, Trost, Mitgefühl	Den Schmerz zulassen, weinen, klagen, das verlorene Objekt festhalten	Loslassen des betrauerten Objekts, Anerkennung des Verlusts, Leere spüren, Neubeginn
Wut	Kraft, Solidarität, Verbündeten finden	Zornesschrei, Angriff	Beseitigung oder Unschädlichmachung des Gegners, Selbstbehauptung
Scham (als Opfer)	Verständnis, Solidarität, Schutz, Verhüllung, Geborgenheit	Sich abwenden, verstecken und verhüllen, Schutz suchen, sich abgrenzen vor der Person, die die Schamgrenze verletzt hat	Die verletzte Grenze wiederherstellen, die eigene Würde wiederfinden, den Täter konfrontieren, künftig auf die eigene Grenze achten

Die wichtigsten Gefühle

Gefühl	Benötigter Halt	Ausdruck/ Bewegung	Ziel
Schuld (als Täter)	Gerechtigkeit, klare Konfrontation mit der Schuld, kritische Distanz, angemessene Bestrafung	Bereuen, sich schämen, sich bekennen, sich stellen	Buße tun (Strafe annehmen), Wiedergutmachung leisten, Neubeginn, Selbstrespekt und Fremdrespekt
Freude	Mitfreude	Lachen, jubeln, tanzen, »die Welt umarmen wollen«	Feiern, die Freude mit anderen teilen
Liebe	Positives Selbstwertgefühl (»Ich bin liebenswert«), Annahme der eigenen erotischen und sexuellen Gefühle	Sehnsucht, hinstreben zum Liebesobjekt	Hingabe, Vereinigung mit dem Liebesobjekt

Angst

Von allen Gefühlen sind *Angst, Liebe* und *Scham* diejenigen Emotionen, welche unseren Sinn für die Wirklichkeit am stärksten verstellen können. Angst ist das verbreitetste Grundgefühl. Angst ist universell, sie rüttelt an den Grundfesten unserer Existenz, denn sie hat ihre Wurzel in der Todesangst, die wir mit allen Lebewesen teilen. Gleichzeitig schützt uns die Angst, denn sie warnt uns vor einer Gefahr. Durch Flucht, Angriff oder Totstellen versuchen wir dann der Bedrohung zu entkommen. Wenn wir existenziell bedroht sind, können wir ungeahnte Kräfte entfalten, um unser Leben zu retten. Angst kann also lebensrettend sein. Ähnliches gilt für die Angst um unsere Kinder und die Menschen, die wir lieben. Für einen geliebten Menschen gehen wir durchs Feuer. Ein Muttertier kann einen Angreifer, der körperlich um ein Vielfaches stärker ist, in die Flucht schlagen, wenn es um den Schutz ihres Jungen geht. Hier finden wir ein wunderbares Phänomen: *Liebe überwindet die Angst.*

Dieses Beispiel liefert möglicherweise die Lösung für unsere Existenzangst. Als Kinder sind wir alle einmal hilflos und ohnmächtig gewesen. Die Welt war groß, unheimlich und bedrohlich. Durch die Liebe und den Schutz unserer Eltern verlieren wir unsere Angst zwar nicht, aber wir können uns anvertrauen. Wir vertrauen darauf, dass wir beschützt sind, dass wir in guten Händen sind. Das Vertrauen in gute Eltern bildet die Grundlage für das Gottesvertrauen. Wir haben das Gefühl, als würde eine übermenschliche Macht, wie wir sie auch nennen mögen, hinter den Eltern stehen und durch sie hindurchwirken. Dieses Vertrauen überträgt sich auch auf die ganze Umwelt. Am Ende des Lebens helfen uns Vertrauen und Glaube, die Angst vor dem Tod zu überwinden.

Dies ist der Idealfall. Viele Eltern haben jedoch selbst nicht die Erfahrung gemacht, geliebt zu werden, und können ihren Kindern daher auch keine Zuneigung entgegenbringen. Manche Mütter und Väter waren krank, abwesend oder sind früh verstorben, als ihre Kinder klein waren. Sie fehlten. Andere waren zwar anwesend, hatten aber Kummer und Sorgen, so dass die Kinder oft allein in ihrer Angst waren. Ihnen fehlte der elterliche Beistand.

Was macht ein allein gelassenes Kind, wenn es Angst hat? Es versteckt sich und zieht sich zurück. So entwickeln sich ängstliche, zurückgezogene Menschen, die allem misstrauen, was ihnen fremd ist. Andere allein gelassene Kinder machen sich auf die Suche nach Menschen oder Wesen, die ihnen beistehen. Trost finden viele Kinder bei Hunden, Katzen, Hamstern, Pferden. Manche Kinder finden eine Gastfamilie, in die sie freundlich aufgenommen werden. Andere laufen Menschen nach, von denen sie nicht selten verführt oder ausgenutzt werden. Wieder andere flüchten in ihre Phantasiewelt. Sie erfinden Phantasiefiguren wie Feen oder Schutzgeister, die sie durchs Leben begleiten. Aus diesen Abwehrversuchen der Angst entstehen Lebensillusionen.

Lebensillusionen, die aus der Angst entstehen

- »*Traue niemandem außer dir selbst!*«, sagt das verletzte Kind. Es hat Schlimmes in der eigenen Familie erlebt, nun misstraut es selbst Menschen, die ihm wohl gesonnen sind, und lässt sich nicht helfen. Ähnlich zieht sich das Kind zurück, das sich sagt: »Ich gehe lieber mit Tieren um – sie sind treu und nicht so schlecht wie Menschen.«

- »*Ich lebe lieber in meiner Traumwelt, dort kann mir nichts geschehen!*«, sagt das phantasiebegabte Kind. Es zieht sich zurück in eine Scheinwelt, in der alles heil ist, und kümmert sich nicht mehr um andere Menschen, auch nicht um seine Liebsten, wenn es später eine Familie gründet. Das sind nicht selten die fanatischen Wissenschaftler, Künstler und die Workaholics.

- »*Ich muss immer ein fröhliches Gesicht machen, dann werde ich akzeptiert und geliebt*«, sagt sich das stets gut gelaunte Kind. Es strahlt jeden an, und keiner ahnt, was sich in seiner Seele abspielt: »Wie es drinnen aussieht, geht keinen was an!«
- »*Ich habe doch keine Angst – die anderen, das sind die Angsthasen!*«, sagt sich das tapfere Kind, das seine Ängste tief in sich vergräbt. Als Erwachsener wird es ein Held und Erretter aller Hilflosen. Es riskiert Leib und Leben, nur um zu beweisen, dass es keine Angst hat.
- »*Ich muss mich jedem an den Hals werfen, dann werde ich aus meinen Ängsten errettet!*«, sagt das hilflose, aber liebreizende Kind. Es lässt sich von jedem verführen und ausbeuten, um ja nicht allein zu sein. Es findet einen idealen Partner im oben beschriebenen Retter.
- »*Ich muss nur den Traumpartner finden, dann kann mir nichts mehr passieren!*«, sagt sich das Scheidungskind. Eine glückliche Familie, das ist sein Lebenstraum, aber auch sein Lebenszwang.

Alle diese Illusionen dienen dazu, die Lebensangst im Menschen zu verdrängen. Tatsächlich verbrauchen wir einen großen Teil unserer Zeit und Energie damit, unsere tiefgründigen Ängste zu bekämpfen. Wir versuchen zum Beispiel, unsere Angst vor Krankheit, Alter und Tod durch Fitnesstraining und Medikamente zu bannen. Aus Angst vor Einsamkeit und Leere jagen wir verzweifelt nach Vergnügen und Nervenkitzel. Wir klammern uns an unseren Partner und unsere Kinder, aus Angst, verlassen zu werden.

Damit wir uns unseren tiefsten Ängsten stellen können, brauchen wir Halt. Wir brauchen einen Menschen, etwa einen Therapeuten oder eine Therapeutin, dem wir uns anvertrauen können und von dem wir uns verstanden fühlen. Dann ist es möglich, durch die Angst zu gehen, um sie endlich hinter uns zu lassen.

Wie die Angst von Menschen politisch ausgenutzt wird

Angst schaltet unser Denkvermögen aus. Wenn wir von Angst oder Panik überfallen werden, überlegen wir nicht lange, sondern greifen nach dem erstbesten Strohhalm, der uns angeboten wird. Wir fühlen uns so halt-los, dass wir jedem glauben, der uns Sicherheit verspricht. Dadurch werden wir verführbar und manipulierbar. Das wissen Politiker, Demagogen und Heilsbringer. Bei ihnen ist es eine beliebte Strategie, die Angst in den Menschen zu schüren, um ihnen dann am Schluss die eigene politische oder religiöse Ideologie als die einzig wahre Rettung zu präsentieren.

Die *Angst vor dem Fremden*, eine urmenschliche Angst, wird in konservativen Kreisen zu deren Zwecken ausgenutzt. Umgekehrt wird häufig unter ökologisch engagierten Menschen die Gefahr einer Klimakatastrophe an die Wand gemalt – auch hier wird eine Urangst des Menschen, die vor den *Naturgewalten*, missbraucht. Angst im politischen Kontext erzeugt die gleiche biologische Reaktion wie beim Individuum: Wir schalten auf das Alles-oder-nichts-Notprogramm, Kampf oder Flucht. Wir scharen uns um einen Führer, der uns Rettung verspricht, und versuchen den ausgemachten oder eingebildeten Feind zu vernichten. Da Angst unser Denkvermögen ausschaltet, hören wir auf zu differenzieren.

Wir polarisieren, sehen nur noch Schwarz oder Weiß, Gut oder Böse. Daher ist es ganz wesentlich, sobald irrationale Angst auftaucht, alles zu tun, um unsere Erregung auf einem angemessenen Niveau zu halten. So können wir unsere Sinne und unseren Verstand nutzen, um die Situation von allen Seiten zu beleuchten, am besten in Kommunikation mit allen beteiligten Parteien, auch von der Gegenseite, um ein möglichst umfassendes Bild zu bekommen. Erst verstehen, dann handeln. Die meisten zwischenmenschlichen Konflikte sind komplexer Natur. Da hilft uns das simple Entweder-oder-Schema nicht weiter, es vertieft nur die Gräben und Missverständnisse. Hier tut politische und psychologische Aufklärung Not.

Trauma und Ohnmacht

Ohnmacht ist die Übersteigerung der Angst bis zu der Grenze, an der wir nichts mehr tun können. Dies kann durch einen schweren Eingriff von außen geschehen, etwa durch Gewalt, Missbrauch, Verlust, Verletzung, Unfall oder Kriegserlebnisse. Es kann aber auch durch eine lebensbedrohliche Krankheit oder eine plötzliche schockierende Erkenntnis ausgelöst werden.

Wenn wir normalerweise in Not und Bedrängnis geraten, versuchen wir alles, um uns zu retten oder die Situation erträglicher zu machen: durch Flucht, Kampf, Ausweichen oder Verhandeln. Alle diese Maßnahmen fassen wir unter der Bezeichnung »Coping« zusammen (to cope heißt auf Deutsch »mit etwas fertig werden« oder »bewältigen«). Solange wir handlungsfähig bleiben, haben wir das Gefühl, mit der Bedrohung fertig werden zu können. Unser Ich-Gefühl bleibt intakt, selbst wenn wir große Angst ausstehen müssen.

Wenn die Bedrohung jedoch weiter zunimmt, werden unsere Coping-Möglichkeiten immer eingeschränkter, wir geraten immer stärker in Not. Unsere Erregung steigert sich bis zur *Verzweiflung*. In der Verzweiflung versuchen wir vielleicht ein letztes Mal uns zu wehren. Wir setzen alles auf eine Karte – wenn uns dies gelingt und wir das Unglück abwenden können, machen wir einen Stoßseufzer und sind dankbar, noch einmal mit heiler Haut davongekommen zu sein. Gelingt dies jedoch nicht, stürzen wir psychisch in ein tiefes Loch. Wir kapitulieren innerlich und geben den Kampf auf. Dies ist der Moment der Ohnmacht.

Das Gefühl der Ohnmacht überfällt uns, wenn unser Ich vernichtend geschlagen ist. Etwas in uns stirbt in diesem Augenblick: unser Gefühl der Unverwundbarkeit und Unversehrtheit oder, wenn wir so wollen, unser Gefühl, unsterblich zu sein. Das Gefühl der Unsterblichkeit und Unverletzlichkeit ist ein natürliches, elementares Lebensgefühl, das wir vom Augenblick unserer Zeugung innehaben. Es ist ein Geschenk des Lebens. Das Leben durchströmt unseren Körper und unser Sein auf so selbstverständliche Weise, dass wir das Gefühl haben, es wird immer so weitergehen. Das ist das wunderbare Gefühl des Getragenseins durch das Leben selbst – das ist es, was ich mit Halt und Gehaltensein meine.

Wenn wir ins tiefe Loch der Ohnmacht stürzen, ist es so, als würde das, was uns bis dahin getragen hat, uns plötzlich fallen lassen. In diesem Moment zerbricht etwas in uns – der Glaube: »Was auch geschehen mag, mir wird nichts Schlimmes passieren. Ich bin gehalten und getragen. Es wird alles gut ausgehen.« Dieses Gefühl ist schlimmer, als von Mutter oder Vater verlassen zu werden. Es ist, als würde uns das Leben selbst (oder Gott) im Stich lassen und uns dem Tod ausliefern.

Das Leben ist jedoch gnädiger, als wir glauben. In dem Moment, in dem das bisherige Ich stirbt, wird es gleichzeitig dem Bewusstsein enthoben und in eine andere Sphäre überführt. Die Medizin nennt diesen Vorgang »Dissoziation«, also »Entbindung, Trennung, Spaltung«. Der Geist trennt sich tatsächlich vom Körper und entschwebt aus der traumatischen Situation. Das Ich erlebt die äußere Katastrophe nicht weiter. Es ist aufgehoben auf einer anderen Bewusstseinsstufe, in der es, von guten Geistern begleitet, in einem Gefühl von Frieden und heiterer Ruhe eingebettet ist. Dieser Zustand ähnelt dem der Nah-Todeserfahrung, wenn Menschen die Grenze zwischen Leben und Tod berühren. Sie berichten ebenfalls von einem wunderbaren Gefühl von Frieden und Geborgenheit, von Licht und liebevollen Begleitern.

Die Auswirkungen traumatischer Erfahrungen

Soweit die positive Seite der Geschichte. Die negative Seite hat damit zu tun, dass als Folge der Dissoziation ein Riss im Bewusstsein, ein »Filmriss« stattfindet: Der Traumatisierte wird sich später nicht mehr an den weiteren Hergang des Geschehens erinnern. Es kommt zu einer *Bewusstseinsspaltung*: Die eine Hälfte entschwebt in die seligen Sphären, während die andere Hälfte des Ichs das Trauma bis zum bitteren Ende erleidet. Dieser »Opferteil«

des Bewusstseins ist zwar glücklicherweise betäubt, er steht wie unter Narkose, aber er nimmt alle Verletzungen, Schmerzen, Demütigungen und Schrecken auf. Dieser Teil wird verdrängt – wie eine Leiche wird er tief ins Unbewusste vergraben und verscharrt. Er fällt der Amnesie (Gedächtnisschwund) zum Opfer. Oberflächlich besehen ist nichts geschehen. Die erste Hälfte des Bewusstseins erwacht irgendwann aus ihrer Trance, ist anscheinend wieder ihr altes Selbst und erinnert sich nicht mehr an das Trauma. Dieses Vergessen ist ganz normal, es gehört zu unseren natürlichen Schutz- und Überlebensmechanismen.

Das Problem ist, dass der verdrängte »Opferteil« nicht richtig »tot« ist. Er meldet sich mit so genannten Intrusionen, in denen der Schrecken des Traumas in Bildern, den so genannten Flashbacks, in Alpträumen und Wachphantasien wieder erwacht. Die Person erlebt Zustände innerer Betäubung und Leere, die sich mit Perioden heftiger psychischer und körperlicher Erregung, mit Gereiztheit und Wutanfällen abwechseln. Die Person verändert sich, wird misstrauisch, zieht sich zurück, ist extrem schreckhaft und launig. Wenn man sie fragt, was mit ihr los ist, sagt sie, sie habe nichts. Man meint, sie sei krank, hysterisch oder hätte eine Borderline-Störung (bei der die Stimmung und der Kontakt zu nahe stehenden Menschen extrem schnell kippen können). In Wirklichkeit regen sich »die Leichen im Keller«. Was die Person braucht, ist Hilfe, um das Trauma zu verarbeiten.

In den letzten Jahrzehnten ist das Wissen über Traumatisierung sehr schnell angewachsen.[5] Durch die Erforschung der Auswirkungen der beiden Weltkriege und des Vietnamkriegs sowie der Folgen von Missbrauch, Gewalt,

Verfolgung und Vertreibung wissen wir heute, dass ein Großteil der uns bekannten psychischen Störungen als Folgen unverarbeiteter seelischer Traumata zu verstehen ist, während man früher, besonders in der psychoanalytischen Triebtheorie, den Ursprung der Störungen vor allem in der Verarbeitung biologischer Triebregungen des Kindes suchte.

Verleugnung, Misstrauen und Übertragung als Folgen von Traumatisierungen

Eine der ersten Reaktionen nach einer Traumatisierung ist die *Verleugnung*: Der Traumatisierte hat nicht nur alles vergessen, er verleugnet auch das, was geschehen ist: »Nein, der Krieg hat mir nichts ausgemacht, es hat mir Spaß gemacht, all die fremden Länder kennen zu lernen.« »Nein, ich habe keine Angst. Das Erdbeben war zwar schlimm, aber jetzt hat sich die Erde wieder beruhigt.« »Nein, mein Mann ist ganz lieb, auch wenn er gelegentlich mehr trinkt, als er verträgt. Mein blaues Auge stammt von einem Sturz.«

Die Verleugnung betrifft nicht nur die *Täter*, sondern auch die *Opfer*. Die Opfer von Gewalt und Missbrauch tun so, als wäre ihnen nichts Schlimmes passiert. Sie werden sogar gelegentlich böse, wenn man sie nach einem Trauma in der Kindheit fragt. Das wird verständlich, wenn man ihre Reaktion als ein Stück überlebensnotwendigen Selbstschutz begreift. Die Person ist noch nicht bereit hinzuschauen. Es würde sie restlos überfordern. Das alte Gefühl der Ohnmacht würde sie überwältigen. Sie würde womöglich daran verrückt werden, oder zumindest wäre sie nicht mehr fähig, weiterzufunktionieren wie bisher.

Das Misstrauen eines Traumatisierten gegenüber wohlmeinenden Behandlern ist ebenfalls verständlich – hat er damals nicht den Eltern oder anderen Bezugspersonen vertraut und wurde von ihnen ausgebeutet oder missbraucht? Wie kann er sicher sein, dass ihm das heute nicht noch mal passiert? Ein Ergebnis des Traumas besteht darin, dass das Gehirn im Schock den zeitlichen und räumlichen Zusammenhang verloren hat. Der Traumatisierte meint daher, die Bedrohung lauere überall und jederzeit, er müsse ständig auf der Hut sein. Dies stellt die Grundlage für die Übertragungsphänomene dar – wenn die Person ihr Gegenüber, auch einen Therapeuten oder eine Therapeutin, mit einer früheren Bezugsperson verwechselt.

Hier begegnen wir Selbsttäuschungen, die eigentlich keine bewussten Lebenslügen sind, sondern Reaktionen auf schwerwiegende traumatische Erlebnisse darstellen. Viele Fehlwahrnehmungen und Falschinterpretationen der Wirklichkeit haben ihren Ursprung in traumatischen Lebensereignissen, die nicht verarbeitet werden konnten und daher verleugnet, abgespalten und »ungeschehen« gemacht werden mussten.

Es ist eine alte Erfahrung in der Psychotherapie, dass eine Person erst heranreifen muss, bis sie sich stark genug fühlt, um sich einer früheren traumatischen Erfahrung zu stellen. Sie braucht Zeit, sie braucht Distanz und Sicherheit gegenüber dem traumatischen Geschehen und dem Täter, sie muss genügend Vertrauen in den Behandler und genügend Selbstvertrauen in sich selbst aufgebaut haben, bis sie sich mit der damaligen Situation konfrontieren kann. Bei der Therapie ist es wichtig, dass die Person ihr eigenes Tempo bestimmen kann. Ziel ist einerseits die Verarbeitung des Traumas, andererseits der Aufbau eines neuen Selbstgefühls und die Wiederherstellung eines vertrauensvollen Verhältnisses zur Umwelt. Dies ist meist ein langwieriger Prozess.

Krieg – ein Beispiel für gesellschaftliche Traumatisierung

Das Gleiche finden wir bei kollektiven Traumatisierungen. Ich kann mich noch lebhaft daran erinnern, wie die 68er-Generation ihren Eltern vorwarf, die Erinnerung an das Dritte Reich, den Zweiten Weltkrieg und den Holocaust verdrängt zu haben. Im Nachhinein erscheint die Chronologie der Nachkriegsgeschichte wie die Abfolge einer Traumabearbeitung: In den Jahren unmittelbar nach Kriegsende ging es den meisten Menschen in Deutschland ums nackte Überleben. Danach wandten sie sich in den 50er-Jahren dem Wiederaufbau zu. Man war froh, die Katastrophe hinter sich gelassen zu haben, und wollte nicht mehr daran erinnert werden. Tatsächlich vergaßen oder verdrängten viele das, was sie erlebt hatten.

Ein kleines Beispiel: Mein Freund erzählte mir, dass während des Krieges ca. 3 000 Gefangene eines KZ-Außenlagers jeden Tag durch die Straßen Mannheims zu ihrer Arbeit bei Mercedes-Benz geführt wurden, für alle Passanten sichtbar. Als diese Episode zehn Jahre später, Mitte der 50er-Jahre, in einer Diplomarbeit veröffentlicht wurde, wusste kaum jemand mehr etwas davon – und das nicht aus bösem Willen. Die Erinnerung schien einfach aus dem Bewusstsein der meisten Mannheimer getilgt worden zu sein. So stark kann kollektive Verdrängung wirken. Sie entspricht der Verleugnungsphase bei individueller Traumatisierung.

Erst in den letzten Jahrzehnten beginnen sich die langfristigen Folgen des Krieges zu zeigen, und zwar in den nächsten Generationen. Es ist für mich erschütternd, in meinen Therapien und Familienaufstellungen mitzuerleben, wie viele junge Deutsche, meist Kinder oder Enkelkinder der Kriegsgeneration, seelische Wunden aus der Kriegszeit tragen, obwohl sie damals noch klein oder gar nicht geboren waren. Einige waren als Kinder durch den Bombenkrieg oder die Vertreibung selbst traumatisiert. In der einen Familie fehlte der Vater, Großvater oder Onkel, ihr Tod wurde oft verschwiegen oder glorifiziert. In der anderen litten die Eltern und Großeltern an den Folgen der Vertreibung, sie waren nicht mehr emotional ansprechbar, viele wurden krank oder alkoholabhängig, andere gewalttätig. Manche Kinder tragen an der Schuld ihrer Eltern, die aktive NS-Täter waren, andere an den furchtbaren Erfahrungen, die ihre Väter als einfache Soldaten gemacht haben. In den Familienaufstellungen wirkt es für alle Beteiligte erlösend, wenn endlich die Wahrheit von damals ans Licht kommen darf, wenn das Leid und die Schuld der Einzelnen klar ausgesprochen und die Macht und Faszination des damaligen Regimes deutlich werden. Dabei geht es nicht um Schuldzuweisung oder Rechtfertigung, nur um die Anerkennung der Wahrheit. Diese Unzahl von Einzelschicksalen ist ein Beleg dafür, wie viel Zeit es braucht, bis kollektive Traumatisierungen verarbeitet werden können.

Trauer

Trauer gehört zu den Gefühlen, die universell sind und zugleich am meisten missverstanden werden. Menschen sind soziale Wesen. Wir gehen Bindungen ein. Aber jede Beziehung hat irgendwann ein Ende, sei es, dass man sich aus den Augen verliert, sei es, dass man sich entfremdet oder stirbt. Im Eheversprechen heißt es: »bis uns der Tod scheidet«. Bindung und Trennung gehören zusammen.

Trauern ist der emotionale Prozess, den wir durchmachen, wenn wir uns von etwas Vertrautem oder Liebgewordenem trennen. Es schmerzt, wenn wir uns an die gemeinsamen Erlebnisse erinnern und realisieren müssen, dass sie nie mehr sein werden. Abschied nehmen tut weh. Und weil es wehtut, meiden wir oft den Schmerz. Wir schlucken unsere Tränen herunter, versuchen nicht daran zu denken, machen ein fröhliches Gesicht. Oder wir schämen uns, unsere Tränen zu zeigen. Gleichzeitig ist es für viele Menschen peinlich, jemanden traurig zu sehen. Vielleicht fühlen sie sich an eigene Verluste erinnert. Deshalb sagen sie: »Kopf hoch, es wird schon wieder werden! Morgen scheint wieder die Sonne.« Das sind wohl gemeinte Ratschläge, aber sie hindern uns daran, den Schmerz der Trauer zuzulassen.

Der Abschiedsschmerz ist das Gefühl, das wir beim Loslassen des Verlorenen spüren. Wenn wir ihn zulassen, tut es zwar im Moment furchtbar weh, aber durch unsere Trauer wird der Schmerz auch gleichzeitig weggespült. Wenn die Tränen fließen, fließt auch der Schmerz aus uns heraus. Danach geht es uns besser, wir sind erleichtert. Nun realisieren wir, dass das, was uns lieb war, in die Vergangenheit versinkt, während wir selbst hier in der Gegenwart zurückbleiben. An diesem Punkt scheidet sich das Heute vom Gestern. Diese schmerzliche Erkenntnis ist notwendig, damit wir begreifen, dass wir *jetzt* leben.

Das Trauern birgt einen Trost: Wenn wir trauern, werden wir irgendwann merken, dass die seelische Verbindung zum betreffenden Menschen nicht mit dem Tod oder dem Abschied vorbei ist. Viele Hinterbliebene haben nach dem Tod eines geliebten Menschen das Gefühl, innerlich weiterhin mit diesem verbunden zu sein. Die Verbindung mag bei verschiedenen Menschen unterschiedlich aussehen: Der eine spürt einfach die Präsenz des Verstorbenen, ein anderer führt eine innere Zwiesprache mit ihm, ein Dritter träumt von ihm. Wichtig ist nur: Wir behalten einen »inneren Draht« zu ihm. Dadurch bekommt er einen *Platz in unserem Herzen.*

Noch etwas schenkt uns das Trauern: Das Wissen um die Vergänglichkeit lässt uns eine Tiefe erleben, die wir nicht kennen würden, wenn alles ewig wäre. Es ist diese Verbindung zwischen Trauer und Wissen, die uns das Leben hier und jetzt schätzen lässt, die uns die Einmaligkeit jeder Begegnung bewusst werden lässt. Dies kann, bei aller Trauer, eine tiefe Freude, Demut und Dankbarkeit in uns entstehen lassen.

Illusionär wird es erst, wenn wir uns nicht erlauben zu trauern oder wenn wir nicht zu Ende trauern. Wenn wir uns im Trauerprozess stoppen, können sich folgende Illusionen entwickeln:

- *Verleugnung des Verlusts:* Wenn wir bei der Verleugnung des Verlusts stehen bleiben, dann meinen wir, die Verbindung bestehe weiter. Wir behandeln zum Beispiel einen geschiedenen Partner immer noch wie einen

Ehemann oder wir warten immer noch auf die Rückkehr eines geliebten Menschen, obwohl er längst gestorben ist. Solche Verleugnungen haben etwas Gespenstisches. Es gibt Menschen, die nur in abgedunkelten Räumen leben, weil sie ihrer verlorenen Heimat nachtrauern; andere, die nach dem Tod ihres Partners alles im Haus beim Alten belassen. Solche Menschen leben wie in Geisterhäusern. Tragisch wird es für Menschen, die ihnen nahe stehen und sie brauchen, besonders Kinder – sie haben das Gefühl, es nur noch mit einem Halbanwesenden, einer leeren Hülle zu tun zu haben.

- *Ewiger Kampf gegen das Schicksal:* Wenn wir uns auf der Stufe der Abwehr gegen den Verlust aufhalten, dann kämpfen wir um etwas, das schon verloren ist. Solche Menschen findet man oft in Helferberufen. Wenn ein Arzt einen Sterbenden nicht in Ruhe sterben lassen kann, sondern immer noch stärkere Mittel einsetzt, um den Tod hinauszuzögern, wenn ein Sozialarbeiter einen hoffnungslosen Trinker aus der Gosse retten will, obwohl dieser sich gar nicht helfen lassen möchte, dann wehrt sich etwas im betreffenden Helfer gegen das Unvermeidliche. Er sieht das Schicksal wie eine persönliche Niederlage an und stemmt sich mit allen Mitteln dagegen.

- *Endlose Sehnsucht:* Schließlich gibt es Menschen, die zwar den Verlust anerkennen, aber den letzten Schritt nicht vollziehen. Sie behalten ihre innige Verbindung mit dem geliebten Objekt insgeheim oder unbewusst bei, ja sie pflegen innerlich diese Verbindung so sehr, dass diese ihnen zum Wichtigsten im Leben wird. Wo immer sie gehen, haben sie den Verstorbenen stets bei sich. Und da ein eingebildeter Partner meistens leichter handhabbar ist als ein realer, hat ihr realer Partner keine Chance gegen den eingebildeten Partner. Dieser hat nicht nur *einen* Platz im Herzen des Sehnsüchtigen, sondern besetzt sein *ganzes* Herz. Insofern stimmt die Nachsilbe Sehn-»Sucht«.

Wut

Wut, Zorn, Aggression, Hass – diesen Affekten (= heftigen Emotionen) haftet oft ein negativer Beigeschmack an, weil sie mit Streit, Unfrieden und Gewalt assoziiert werden. Aggression ist aber lebensnotwendig. Im Tierreich kommt Aggression vor allem dann vor, wenn es um die Verteidigung des eigenen Reviers, des eigenen Lebens oder der Nachkommenschaft geht. Ein Raubtier muss aggressiv sein, es muss angreifen, um zu überleben. Hier hat Aggression eine arterhaltende Funktion.

Auch unter Menschen ist Aggression notwendig, um zu überleben, um sich zu wehren und abzugrenzen. Die eindrücklichste Aggression habe ich bei einem ehemaligen Opfer sexuellen Missbrauchs gesehen, das, nachdem es seine Scham und seinen Schmerz überwunden hatte, sich in einer Familienaufstellung dem ehemaligen Täter entgegenstellte und diesen konfrontierte: »Nicht mehr mit mir! Wag es nicht noch einmal, mich anzurühren!« Ein solcher gerechter Zorn schlägt jeden Angreifer in die Flucht, weil er direkt aus dem Wesenskern kommt und mit der ganzen Kraft der Person ausgedrückt wird. Das ist gesunde Aggression.

Diese Kraft ist es, die von der Frauenbewegung als »Eigenmacht« bezeichnet wird. Da geht es nicht darum, den

Gegner zu überwältigen oder zu demütigen, sondern darum, zu sich selbst zu stehen und unmissverständlich Stellung zu beziehen. Eigenmacht muss aber erkämpft werden, in jeder Generation von neuem. Eine Mutter erzählte mir, wie sehr sie es bedaure, ihrer kleinen Tochter verboten zu haben, sich gegen den Nachbarsjungen mit Zähnen und Klauen zu wehren. Damit habe sie der Tochter ihre wirksamsten Waffen entzogen und ihr gleichzeitig die Botschaft vermittelt, sie dürfe sich nicht gegen männliche Aggression behaupten.

In der patriarchalen Gesellschaft sind die Geschlechtsrollen so verteilt, dass Frauen früh lernen, sich gefügig zu zeigen, während es als männlich gilt, Macht über eine Frau zu gewinnen, sei es durch Verführung oder Gewalt: »... und bist du nicht willig, so brauch ich Gewalt«. Dieses Prinzip herrscht im Patriarchat nicht nur im Verhältnis der Geschlechter zueinander, sondern auch im Verhältnis der Männer untereinander. Macht, Dominanz, Herrschaft – das sind die Zeichen der Unterdrückung des Menschen durch den Menschen. Und dagegen darf man, soll man sich wehren: mit Eigenmacht, nicht mit Machtumkehr – die vielen Revolutionen, bei denen die siegreichen Unterdrückten selbst zu Unterdrückern wurden, sprechen eine deutliche Sprache.

Das alte Muster – hier die Herrschaft des Mannes, dort die weibliche Unterwerfung – zersetzt das Verhältnis zwischen den Geschlechtern. Frauen, die nicht gelernt haben oder denen nicht gestattet worden ist, ihre Meinung zu sagen, zeigen sich zwar äußerlich gefügig, greifen aber zu anderen Mitteln, um sich zu wehren. Sie werden zu Meisterinnen indirekter oder passiver Aggression: Mit Nadelstichen, verbaler Abwertung oder sexueller Verweigerung erweisen sie sich gegenüber der vergleichsweise einfältigen männlichen Aggression als durchaus ebenbürtig, wenn es darum geht, den anderen zu verletzen. In Beziehungen hat sich immer wieder gezeigt, dass körperliche Gewalt bei Männern eher ein Zeichen der Ohnmacht und Hilflosigkeit darstellt. Dadurch, dass Frauen in einer emanzipierten Gesellschaft immer selbstsicherer werden, ist es für die Männer wichtig, ihre emotionale Bandbreite zu erweitern, damit sie nicht zu »cholerischen Anfällen« (wie körperliche Gewalt oft beschönigend umschrieben wird) zurückgreifen müssen, um sich auszudrücken.

Streit in der Liebe

Warum gibt es so viel Streit gerade in der Liebe? Die Statistiken belegen es: Der Zeitschrift *Freundin* zufolge kommt es bei Paaren durchschnittlich 2,4-mal pro Woche zu einem kleineren Streit, fast wöchentlich zu einem offenen Disput, alle zehn Wochen zu einem handfesten Krach. Am meisten wird über folgende Themen gestritten: Geld (61 %), Treue und Eifersucht (52 %), Kindererziehung (47 %), Sex (38 %).[6] Beim häufigsten Streitthema, dem Geld, stecken oft andere Konflikte dahinter: Unzufriedenheit in der Partnerschaft (59 % der Frauen, 27 % der Männer), zu wenig Anerkennung (47 %, 12 %), sexuelle Probleme (29 %, 18 %).[7]

Ist es nicht paradox, dass wir uns am häufigsten und am härtesten in der Partnerschaft streiten, wo wir doch hier das größte Glück erwarten? Gerade in der hohen Erwartung an eine Liebesbeziehung liegt aber ihr Sprengstoff. Seit die romantische Liebe zum gesellschaftlichen Ideal erhoben wurde (früher heiratete man vor allem aus ökonomischen und Standesgründen), projizieren wir alle unsere Wünsche nach Glück in die Partnerschaft und überfrachten sie maßlos. Da ist Enttäuschung fast programmiert.

Ein zweiter Grund liegt in der emotionalen und körperlichen Intimität, die das Zusammenleben mit sich bringt. Dieses stete Miteinander stellt hohe Anforderungen an die Partner, denn gerade bei großer Nähe ist es notwendig, die eigenen Grenzen zu wahren und gleichzeitig die Grenzen des anderen zu respektieren. Wir würden uns etwas vorlügen, wenn wir meinten, die Liebe würde es schon richten. Die Liebe gibt uns nur die emotionale Grundlage für eine Beziehung, alles andere müssen wir selbst erlernen: miteinander verhandeln, einander zuhören und verstehen, das Meine, Deine und Unsere voneinander zu unterscheiden. Dies ist eine harte Schule, und bei vielen Paaren fehlt entweder die Geduld oder das Verständnis für die Notwendigkeit des Streitens oder ihre Liebe hat sich vielleicht als zu schwach erwiesen, um die Belastungen des Alltags zu tragen.

Ein dritter Grund liegt in der großen Verantwortung, die auf einer Partnerschaft lastet, besonders wenn man gemeinsame Kinder hat. In einer kinderlosen Beziehung, in der beide gut verdienen, können die Partner in ihrer Lebensgestaltung recht frei und großzügig sein, ohne sich gegenseitig »ins Gehege« zu kommen. Sobald sich jedoch gemeinsame Verantwortlichkeiten einstellen – ein gemeinsames Haus, ein gemeinsames Geschäft, ein Kind –, dann »verzahnen« sich beider Leben. In vielen Dingen kann man nicht mehr nach eigenem Gutdünken handeln, man ist auf den Partner angewiesen. Dies schafft gegenseitige Abhängigkeiten, die in Krisen die Paarbeziehung schwer belasten können.

Nicht umsonst wurde das Thema »Geld« als Streitobjekt Nummer eins genannt: Im Geld steckt die gemeinsame Verantwortung für Haus, Hof, Kind, Zukunftsplanung, Arbeitsteilung, Altersvorsorge. Wenn die Verantwortung ungleich verteilt ist, kann es zu Auseinandersetzungen um Fairness und Gerechtigkeit kommen. Dies ist der Fall, wenn ein Partner zu viel trägt, zum Beispiel, wenn er mit Geldverdienen, Haushalt und Kindererziehung beschäftigt ist, während der andere ausschließlich seinem Studium nachgeht. Ein aktuelles Beispiel ist die Arbeitslosigkeit, der heute immer mehr Menschen zum Opfer fallen. Arbeitslosigkeit macht extrem hilflos, kränkbar und abhängig. Wenn ein Partner länger davon betroffen ist, ist die empfindliche Balance in der Verteilung der Verantwortung bedroht.

Umgekehrt vermute ich bei Paaren, die sich zwar ständig streiten, aber über die Jahre doch zusammenbleiben, einen »geheimen« Vertrag, einen unausgesprochenen Ausgleich im Geben und Nehmen, durch den bei allen Turbulenzen die innere Balance gehalten wird. Auch hier kann man sich vorlügen, man habe sich überhaupt nicht mehr lieb, eigentlich wolle man sich trennen.

Ein Beispiel: Eine Frau beschwerte sich über ihren Mann, dass er trank, das Geld verspielte und sie in Schulden stürzte. Sie wollte sich schon seit Jahren trennen, schaffte es aber nicht. Im Laufe der Beratungsgespräche gestand sie ein, dass sie aus einem schwierigen Elternhaus stammte und von ihren früheren Ehemännern verprügelt wurde – ihr jetziger Partner war der erste Mann, der sie nicht schlug und nie ein böses Wort verlauten ließ. Es wurde ihr mit der Zeit klar, dass ihr Mann ihre einzige Bezugsperson war und dass sie dafür bereit war, alle anderen Belastungen zu ertragen. Es bestand eine unsichtbare gegenseitige Abhängigkeit in der Beziehung. In der Therapie lernte sie langsam ihr Selbstwertgefühl nicht nur aus der Ehe zu beziehen. Sie suchte sich eine befriedigende Arbeit, verkehrte wieder regelmäßig mit ihren Freundinnen. Dadurch wurde sie innerlich unabhängiger von ihrem Mann. Schließlich begann sie ihn zu konfrontieren und ihre Wünsche klar zu äußern, statt sich pauschal über ihn zu beschweren. Zu ihrer Überraschung war ihr Mann bereit, mit ihr in eine Paartherapie zu gehen. Beide wurden im Laufe der Zeit unabhängiger voneinander. Ihre Urlaube genossen sie nun als schöne Gemeinsamkeiten.

Abneigung aus Projektion

Besonderes Augenmerk verdient die Wut, die so tief sitzt, dass sie bis zum Hass anwächst. Dies ist die Aggression, die gefährlich werden kann. Sie hat vorwiegend zwei Wurzeln: die *Projektion* und die *Kränkung*.

Projektion – dieser Begriff bedeutet auf Lateinisch »Hinauswerfen« – ist ein unbewusster Abwehrmechanismus, bei dem ich verdrängte Wünsche und Seiten von mir, die mir unangenehm sind oder die ich mir selbst verbiete, in jemand anderen verlagere. Nun meine ich, diese schlechten Eigenschaften bei dieser Person zu entdecken, und ärgere mich über sie: »Die ist faul wie ein Strohsack!« Die Projektion ist ein sehr verbreitetes Phänomen, weil sie mehrere Fliegen mit einer Klappe schlägt. Erstens kann ich die unerwünschten Charaktereigenschaften ableugnen – das entlastet. Ich muss mich nicht mit mir selbst und meinen problematischen Seiten auseinander setzen. Zweitens kann ich den Ärger, den ich eigentlich auf mich selbst habe, weil ich nicht so bin, wie ich sein möchte, auf den anderen übertragen. Drittens: Wenn ich das Objekt meiner Aggression geschickt genug auswähle, bekomme ich all diejenigen, die ähnlich denken wie ich, auf meine Seite. Mit ihnen kann ich mich auf den Sündenbock stürzen – damit gewinne ich, viertens, an Macht. Ausländerfeindlichkeit, Fundamentalismus, ja die meisten Formen religiösen und politischen Fanatismus funktionieren auf dieser Basis. Projektionen bilden die Grundlage von Vorurteilen.

Dieser Mechanismus ist deshalb so gefährlich, weil er der *Schamabwehr* dient: Ich schäme mich insgeheim für die »bösen« Eigenschaften in mir. Daher tue ich alles, um die Aufmerksamkeit von mir auf einen anderen abzulenken. Je mehr ich die negativen Eigenschaften bei mir selbst ablehne, desto heftiger muss ich den Sündenbock attackieren, desto stärker muss ich auf ihn einschlagen. Ich muss um jeden Preis verhindern, dass jemand auf *mich* schaut und fragt, ob ich nicht auch so bin wie mein Feind. Vor allem darf ich es selbst nicht merken – ich müsste vor Scham in den Boden versinken, wenn ich erkennen würde, genau wie derjenige zu sein, den ich ablehne.

Solche Projektionen sind nicht aufzulösen, solange ich nicht bereit bin, in einer stillen Stunde nachzuschauen, ob ich nicht das, was ich beim Partner so vehement ablehne, irgendwo in mir selbst finde. Da es sich um Scham handelt, ein sehr delikates Gefühl, wie wir weiter unten noch sehen werden, sollte man mit sich behutsam umgehen. Es gehört viel Selbstliebe und Selbstannahme dazu, Projektionen zurück- und anzunehmen. Sonst würde man den Selbstvorwurf verstärken. In vielen Fällen haben liebevolle und verständige Eltern und Erziehungspersonen gefehlt, die das Kind im Umgang mit den komplizierten Dingen des Lebens hätten anleiten können. Wenn ein Kind sich selbst die Regeln und Normen für sein Leben geben muss, ist es entweder zu streng zu sich selbst (dann wird es überordentlich und selbstgerecht) oder zu großzügig (dann wird es chaotisch oder grenzenlos). Es fehlt das gesunde Mittelmaß.

Hass aus Gekränktheit

Weiterhin gibt es den Hass, der aus der Enttäuschung kommt. Viele kennen dieses Phänomen: Man hat sich unsterblich in einen Menschen verliebt, aber dieser schenkt einem nicht einen einzigen Blick. Oder man ist fasziniert von einer bekannten Persönlichkeit, sammelt jahrelang alle Artikel und Andenken von ihr. Schließlich überwindet man seine Scheu und schreibt ihr einen glühenden Brief. Danach wartet man vergeblich auf eine Antwort. Irgendwann kehrt sich die Verehrung in Abneigung um, ja sie kann in Verachtung umschlagen.

Es sind die eigenen enttäuschten Wünsche, die so schmerzen. Aus diesem Schmerz entsteht Hass. Hass ist die Antwort der verletzten Seele. Je tiefer die Verletzung, desto stärker der Hass. Rachegelüste steigen auf: Ich will dem anderen genauso wehtun, wie er mich verletzt hat. So entsteht *Hassliebe*. (Im etymologischen Wörterbuch steht, dass im Altirischen das Wort »cais« sowohl »Hass« als auch »Liebe« bedeuten kann – beides hat die Bedeutung »sich auf jemanden stürzen«.[8])

Auch hier wäre es angebracht, nachzuspüren, wo man sich in der Vergangenheit so verletzt gefühlt hat. Vielleicht erinnert uns der Schmerz an die eigene Zurücksetzung, als das jüngere, hübschere Geschwister zur Welt kam. Vielleicht ist man als Kind so oft abgelehnt worden, dass man sich in der Phantasie einen Traumpartner ausgemalt hat. Dann idealisieren wir unseren Partner und projizieren alle unsere unerfüllten Träume in ihn – was zwangsweise in die »Ent-Täuschung« führen muss. In diesem Fall wäre es besser, die alte Kränkung, das alte Leid noch einmal durchzugehen, damit man es hinter sich lassen kann. Dann werden unsere Wünsche realistischer. Wir kommen auf dem Boden der Tatsachen an und merken, man kann auch ganz gut mit einem »normalsterblichen« Partner leben, ohne dass er ein Prinz zu sein braucht.

Scham

Scham ist, zusammen mit Angst und Liebe, diejenige Emotion, die am meisten an der Entstehung und Aufrechterhaltung von Lebenslügen beteiligt ist.

Scham ist das Gefühl, entblößt, nackt, bloßgestellt zu sein – vor sich selbst und vor den Augen der Welt. Scham lässt uns wegschauen. Der Schamvolle möchte nicht sehen und nicht gesehen werden. Er verhüllt vor Scham sein Gesicht, daher weiß er oft nicht, wie die Wirklichkeit aussieht. Gleichzeitig möchte er von anderen nicht gesehen werden, denn seine Welt ist voller kritischer, forschender Augen, die, so glaubt er, ihn jederzeit durchschauen. Scham betrifft die ganze Person, nicht nur bestimmte Verhaltensweisen oder Eigenschaften. Man kann das eigene Verhalten vielleicht ändern, aber man kann sich als Person nicht austauschen. Deshalb hat der Beschämte das Gefühl, nichts tun zu können, um in den Augen der anderen akzeptiert zu werden.

Mit der Bloßstellung droht zugleich die Ausgrenzung aus der Bezugsgruppe: »Schau mal den da an – so einer gehört nicht zu uns!« Der Schamvolle fühlt sich wie ein Ausgestoßener, ein Aussätziger, unwürdig, in die Gemeinschaft aufgenommen zu werden.

Wie entsteht Scham? Die erste Ursache liegt in der *gesellschaftlichen Ausgrenzung*: wenn sich eine Person durch irgendein sichtbares Merkmal deutlich von der Mehrzahl der Menschen unterscheidet und/oder wenn sie durch irgendein offensichtliches Verhalten gegen die Normen und Tabus der Gesellschaft verstößt. Die zweite Ursache für Scham besteht in der Erfahrung von *Grenzverletzungen* – diese umfassen den emotionalen, physischen und sexuellen Missbrauch.

Diskriminierung, Scham, Identitätskonflikt

In jeder Kultur gibt es ein unausgesprochenes Gebot zur Uniformität: Gut ist, wer sich zur Mehrheit zählt und nicht auffällt. Wer auffällt, wird meistens negativ sanktioniert: Er wird beschimpft, ausgelacht, gedemütigt oder ausgestoßen. Diskriminierung ist ein angeborenes Verhalten – wir können es bereits bei Kindern beobachten.

Das Aussehen eines Menschen ist zum größten Teil angeboren. Man kann es sich nicht aussuchen, ebenso wenig die ethnische, kulturelle und religiöse Zugehörigkeit. Wir erwerben alle diese Attribute durch die Geburt. Wenn wir dafür diskriminiert werden und nichts dagegen tun können, empfinden wir Scham. Wir schämen uns unserer Hautfarbe, unserer Herkunft, unserer Aussprache, unseres Aussehens. Wir identifizieren uns mit denen, die uns verachten, und fühlen uns genauso, wie wir von ihnen gesehen werden: als minderwertig, unwürdig, wertlos. Scham ist also eine doppelte Zurückweisung des Selbst: Wir werden von anderen abgewertet – und wir werten uns selbst ab. Wir lassen uns selbst im Stich, wenn wir uns schämen.

Es gibt drei Möglichkeiten, mit dieser demütigenden Situation umzugehen: sich ergeben, sich dagegen wehren oder sich verstellen. Der Erste resigniert und ergibt sich seinem Schicksal. Der Zweite steht auf und wehrt sich: Er pocht auf sein Recht auf Gleichbehandlung. Dies ist ein schwerer und dornenreicher Weg. Man muss mit Hohn, Unterdrückung und Verfolgung rechnen – siehe das Beispiel Martin Luther King –, aber es ist der einzige, auf dem der Diskriminierte seine Würde wiedererlangen kann – siehe Nelson Mandela.

Die dritte Möglichkeit, mit Diskriminierung umzugehen, ist, sich zu verstellen. Dieser Weg interessiert uns hier besonders, denn er hat mit Lebenslügen und Selbsttäuschungen zu tun. Sich verstellen bedeutet so zu tun, als unterscheide man sich gar nicht von der Mehrheit. Man passt sich so weit wie möglich an die Normen an. Möglicherweise verleugnet man dafür sogar die eigene Identität und die eigene Herkunft. Vielen von denen, die während des Dritten Reiches ins Ausland auswandern mussten oder die am Kriegsende aus dem Osten vertrieben worden sind, erging es ähnlich. Überall, wo Menschen aus politischen oder wirtschaftlichen Gründen umgesiedelt werden oder auswandern müssen, treten solche unlösbaren Identitätsprobleme auf. Man muss im Gastland eine neue Existenz aufbauen und sich anpassen. Gleichzeitig möchte man aber die eigene Identität bewahren. Seiner Heimat gegenüber hat man Schuldgefühle, weil man weggegangen ist. Jeder, der sein Land freiwillig oder unfreiwillig verlässt, fühlt sich wie ein Verräter. Aber auch in der Familie kommen Diskriminierungen vor. Zwei Beispiele:

- Ein Mädchen wird von seinem Vater abgelehnt, weil er sich einen Sohn gewünscht hat. Das Mädchen wächst als »halber Junge« auf, klettert auf Bäume, spielt mit den Jungen Fußball und möchte am liebsten keine Frau werden.
- Ein Mann macht eine steile Karriere. Er bewegt sich in höheren Kreisen. Schließlich heiratet er die Tochter aus einer angesehenen Familie. Obwohl er überall eine gute Figur macht, fühlt er sich oft fehl am Platz, weil er aus bescheidenen Verhältnissen stammt. Er hat ständig Angst, durch sein Benehmen oder seine Aussprache seine Herkunft zu verraten, obwohl seine Frau ihn liebt und seine Umgebung ihn schätzt.

Familienschande: Scham durch Verstoß gegen soziale Normen

Eine noch tiefere Scham entsteht, wenn ein Mensch durch sein Verhalten gegen die Normen und Tabus der Gesellschaft verstößt. Wenn das, was man getan hat, von der Familie oder Sippe als Schande angesehen wird, dann kann es passieren, dass man aus der Gruppe ausgeschlossen wird. *Scham ist das Gefühl, dass man nicht mehr von der Solidarität der Gemeinschaft getragen und darin eingebettet ist.* Wo man vorher von seiner Bezugsgruppe geschützt war, steht man auf einmal ganz allein und entblößt da.

Dies ist die schlimmste soziale Bestrafung überhaupt: von seiner eigenen Sippe ausgestoßen zu werden. Wenn selbst die eigenen Eltern und Geschwister sich von einem abwenden, dann ist es wie der soziale Tod. Der Ausschluss aus der eigenen Gemeinschaft ist um vieles schlimmer als diskriminiert zu sein. So demütigend Diskriminierung auch sein mag, man hat dann noch immer die eigene Familie oder Menschen der gleichen Hautfarbe, Religion oder kulturellen Zugehörigkeit, denen man sich eng verbunden fühlt. Wenn jedoch die eigene Sippe, die eigene Familie, das eigene Volk sich von einem abwenden, dann fühlt man sich wirklich von Gott und der Welt verlassen, dann ist man ganz allein.

Warum kommt es zum familiären Ausschluss? Familien und Sippen entstehen und bestehen aus Blutsverwandtschaft. Deshalb war es von jeher für Familien wichtig, dass man den richtigen Partner heiratet. Wenn der Partner passt, dann gereicht das der Familie zur Ehre. Die ganze Familie fühlt sich aufgewertet, man geht erhobenen Hauptes durch die Straßen. Wenn die Partnerwahl außerhalb dessen fällt, was im familiären Umfeld als standesgemäß oder anständig angesehen wird (zum Beispiel bei einer unehelichen Schwangerschaft), dann bringt das Schande über die Familie. *Schande ist, wenn sich eine ganze Gruppe schämt.* Die ganze Familie fühlt sich entehrt und erniedrigt. Entehrt zu sein bedeutet für die Familie ebenfalls den sozialen Tod.

Von daher kann man durchaus verstehen, weshalb eine von der Entehrung bedrohte Familie ein Familienmitglied ausschließt, das ihr Schande bringt. Durch den Ausschluss versucht die Familie sich vom »Schandfleck« reinzuwaschen. Ihre Ehre kann wiederhergestellt werden, wenn sie glaubhaft versichern kann, dass die schändliche Person ausgeschlossen, zur Buße ins Kloster geschickt oder einer sonstigen Strafe zugeführt wurde. Ja, manche Familie wusch sich dadurch rein, dass die betreffende (Un-)Person öffentlich vom Vater oder einem älteren Bruder umgebracht wurde – zur Ehrenrettung der ganzen Familie. Es ist wie eine Art Blutopfer.

Wenn man diesen Vorgang profan psychologisch betrachtet, könnte man das Ganze als *gesellschaftliche Projektion* interpretieren: Das gesellschaftliche Umfeld projiziert die Lasterhaftigkeit (die man selbst nur allzu gut kennt) in den Sündenbock und jagt diesen zum Teufel, um selbst gut dazustehen. Man könnte das als eine kollektive Lebenslüge ansehen. Diese Sichtweise ist zweifellos wahr, aber sie greift zu kurz. Gesellschaftliche Tabus gibt es überall und sie haben vielschichtige Gründe. Sie dienen zum einen der Reinhaltung der betreffenden Volksgruppe (zum Beispiel durch das Inzesttabu) und sichern damit ihre *kollektive Identität*. Zum anderen wurzeln Tabus im religiösen Glauben der betreffenden Gemeinschaft, sie sind somit ein Bindeglied zwischen den Menschen dieses Glaubens und ihrem Gott beziehungsweise ihren Göttern. Daher sind Tabus »geheiligte« Normen – ihre Überschreitung kommt einem Sakrileg, einem Verstoß gegen die göttliche Ordnung gleich.

Ein Beispiel: Noch bis in die 60er-Jahre galten religiöse Mischehen in vielen Familien als Schande und familiäres Desaster. Wenn Katholiken heute einen protestantischen Partner heiraten, hat dies zwar nicht mehr den Ausschluss aus der Kirche zur Folge. Sie sind jedoch immer noch angehalten, die Kinder im katholischen Glauben zu erziehen. Die Scheidung wird als Sünde angesehen, weil die Ehe-

schließung als Sakrament, also als heilige, gnadenbringende Handlung gilt und daher unwiderruflich ist. Geschiedene werden exkommuniziert, das heißt aus der aktiven Gemeinschaft der Gläubigen ausgeschlossen. Ihnen wird der Empfang der Sakramente, zum Beispiel der heiligen Kommunion, verwehrt. Dies zwingt auch heute noch viele Gläubige zur *Doppelmoral*.
Hier noch zwei Beispiele zur kollektiven Familienscham:

- Eine junge Frau wird vergewaltigt und bekommt ein Kind. Um die Schande zu verbergen, wird sie weit weggeschickt, angeblich, um eine Arbeit aufzunehmen. Das Kind wird von seiner Großmutter aufgezogen, die von ihm als seine Mutter betrachtet wird. Die eigentliche Mutter wird als seine ältere Schwester bezeichnet, wenn diese zu Besuch kommt. Erst bei der Heirat kommt die Wahrheit ans Licht, als das nun erwachsene Kind nach seiner Geburtsurkunde sucht.
- Eine Frau ist unehelich geboren. Ihr wurde erzählt, ihre Mutter sei während der Flucht von Russen vergewaltigt worden. Sie fühlt sich nie ganz in die Familie integriert, sondern immer etwas abseits. Nach dem Tod ihrer Mutter vertraut ihr eine Tante an, ihre Mutter sei nicht von Russen vergewaltigt worden. Vielmehr sei sie von einem Onkel sexuell missbraucht und geschwängert worden. Um die familiäre Schande zu kaschieren, habe man das Märchen von der Vergewaltigung durch Fremde verbreitet.

Zwei scheinbar ähnliche Geschichten, jedoch mit einem deutlichen Unterschied: In der ersten wird die Vergewaltigung als Familienschande angesehen und vertuscht. Das

Opfer der Vergewaltigung wird weggeschickt, das Kind der Großmutter untergeschoben. Im zweiten Fall wird eine Vergewaltigung erfunden – um ein noch schändlicheres Vergehen, den Inzest zwischen Onkel und Nichte, zu vertuschen. Eine Vergewaltigung durch Fremde scheint in der Familie »ehrenwerter« zu sein als der sexuelle Missbrauch durch den eigenen Onkel. – Warum?

Es ist kennzeichnend, dass in dieser zweiten Geschichte der Täter geschont wird, während das Opfer den Preis für den Frevel bezahlt. In der patriarchalen Ordnung gilt Macht als oberstes Prinzip, nicht Liebe, Fürsorge oder Menschlichkeit. Der Onkel in diesem Fall ist erstens ein Mann, zweitens eine Respektsperson aus der väterlichen Generation. Gegen eine solche Autorität hat die junge Nichte keine Chance, ihr Recht auf Selbstbestimmung einzufordern. Wenn man in solchen Fällen die Familiengeschichte zurückverfolgt, findet man häufig eine sich durch viele Generationen ziehende Spur männlicher Dominanz und weiblicher Demütigung. Nicht selten haben Mütter und Großmütter ähnliche Schicksale erleiden müssen, deshalb konnten sie ihren Töchtern nicht zu Hilfe kommen. Auf der anderen Seite begegnet man Männern, die von ihren Gefühlen völlig abgeschnitten sind und keinerlei Gespür dafür haben, was sie anrichten.

**Scham durch Grenzverletzungen –
emotionaler, physischer und sexueller Missbrauch**

Nun kommen wir zur wohl wichtigsten Ursache der Scham: dem Missbrauch. *Unter Missbrauch verstehe ich die Verletzung der emotionalen, physischen oder sexuellen Grenze eines Unterlegenen, Schutzbefohlenen oder*

Abhängigen durch eine überlegene, betreuende oder verantwortliche Person zu deren Vorteil.

- Beim Missbrauch spielt immer ein ungleiches Machtverhältnis eine Rolle, sei es zwischen Eltern und Kindern, älteren und jüngeren Geschwistern, älterer und jüngerer Generation, zwischen Lehrern und Schülern, Arzt und Patienten, Therapeuten und Klienten, Seelsorger und Gläubigem usw. Bei Ersteren besteht eine Fürsorgepflicht, das heißt, die Mutter oder der Vater, der Lehrer, der Arzt, Therapeut oder Seelsorger hat die Verantwortung, gemäß seiner Aufgabe für das Kind, den Schüler, den Patienten, den Rat Suchenden zu sorgen.
- Da Ersterer mehr Macht hat, kann er den Schwächeren zu Dingen zwingen oder überreden, die dieser im Grunde nicht will. Beim Missbrauch nutzt der Stärkere seine Machtposition aus, um den ihm Schutzbefohlenen zu Dingen zu bewegen, die *nicht* zur eigentlichen Funktion ihrer Beziehung gehören. Der Inhalt des Missbrauchs, zum Beispiel die emotionale oder sexuelle Ausbeutung, dient hauptsächlich der Bedürfnisbefriedigung des Täters. Damit kehrt sich ihr Verhältnis um: Nicht der Täter kümmert sich um das Wohlergehen des Opfers, sondern das Opfer befriedigt – unfreiwillig – die Bedürfnisse des Täters.
- Das Opfer ist dem Wohlwollen des Täters ausgeliefert, dadurch ist es in der abhängigeren Position. In den meisten Fällen besteht zwischen beiden ein Vertrauensverhältnis. Das heißt, das Opfer geht davon aus, dass es dem Täter vertrauen kann. Dadurch kann dieser überhaupt erst so nahe an das Opfer gelangen, dass er in dessen Intimsphäre eindringen kann. Die Distanz und

Vorsicht, die das Opfer normalerweise vor fremden und unvertrauten Menschen hat, sind aufgehoben. Es vertraut dem Täter, glaubt sich in guten Händen. Daher ist jeder Missbrauch ein Vertrauensbruch, ein Verrat an der ursprünglichen Beziehung. *Die Verantwortung für einen Missbrauch liegt immer auf der Seite des Täters.*

Vorurteile und Mythen um den Missbrauch

Diese Definition des Missbrauchs im Kopf zu behalten ist wichtig, weil sich viele Vorurteile, Mythen und Legenden um das Thema »Missbrauch« ranken. Nirgendwo sonst findet man so viele Lügen. Hier nur einige Beispiele (ich beschränke mich dabei auf den sexuellen Missbrauch, weil er die drastischsten Auswirkungen nach sich zieht):

- »Wir sind doch Partner!« statt: »Ich bin der Mächtigere, der Ältere, der Erfahrenere.«
- »Siehst du nicht, wie schlecht es mir geht? Du bist der Einzige, der mich trösten kann!« statt: »Eigentlich bin ich es, der für dich verantwortlich ist und nicht umgekehrt.«
- »Du hast es doch selber gewollt!« statt: »Ich habe dich dazu überredet oder gezwungen.«
- »Es hat dir doch auch Spaß gemacht!« statt: »Du wolltest Nähe und Zuwendung – ich wollte Sex.«
- »Du hast mich verführt! Du bist schuld!« statt: »Ich habe deine Neugierde oder dein Bedürfnis nach Nähe ausgenutzt. Ich habe dich verführt.«
- »Sag es bloß nicht deiner Mutter – sie würde ganz traurig/wütend auf dich werden!« statt: »Ich habe Angst, dass deine Mutter böse wird und mich anzeigt.«

- »Das soll unser beider süßes Geheimnis bleiben!« statt: »Verrate mich bloß nicht!«
- »Liebe muss wehtun!« statt: »Was ich mit dir mache, hat nichts mit Liebe zu tun, nur mit der Befriedigung meiner Bedürfnisse.«

Auffällig ist, dass die allermeisten Mythen zum Thema »Missbrauch« – auch jene, die in der Öffentlichkeit verbreitet sind – den Täter schützen oder entschuldigen und die Verantwortung dem Opfer zuschieben. In einer patriarchalen Gesellschaft, in der die Bedürfnisse des Mannes Vorrang haben und das Recht des Stärkeren gilt, wird Missbrauch in vielen Kreisen immer noch als Kavaliersdelikt angesehen. Die (meist männlichen) Täter werden, manchmal sogar mit einem konspirativen Augenzwinkern, mit einer leichten Strafe belegt oder freigesprochen. Dagegen werden die Opfer demütigenden Verhören und ärztlichen Untersuchungen ausgesetzt, die nicht selten zu einer Retraumatisierung, also einer Wiederholung der Verletzung in anderer Form führen. Ihre Darstellung wird oft angezweifelt, etwa wenn sie sich beim Missbrauch nicht explizit gewehrt haben. Man übersieht dabei die Tatsache, dass es zur Natur des Missbrauchs gehört, dass das Opfer in gutem Glauben an den Täter den Kontakt zugelassen oder toleriert hat. Außerdem hat es meist zu viel Angst und/oder Respekt vor dem körperlich, altersmäßig und intellektuell überlegenen Täter gehabt, um sich zu wehren.

Opfer sexuellen Missbrauchs haben es schwer, der Wahrheit auf die Spur zu kommen. Ein Beispiel: Eine Frau geht wegen einer sexuellen Störung zur Therapie. Im Laufe der Behandlung wird ihr klar, dass vieles, worunter sie leidet, von einem sexuellen Missbrauch herrühren könnte. Sie fragt bei ihren Eltern nach, sie fragt bei ihren älteren Geschwistern nach, doch überall begegnet ihr ein eisiges Schweigen. Man wisse nichts davon, ihr Therapeut setze ihr Flausen in den Kopf. Ein älteres Geschwister gibt ihr den wohlmeinenden Rat, nicht weiterzufragen, sonst könnte sie eine unabsehbare Lawine in der Familie auslösen.

Eine fatale Rolle bei der gesellschaftlichen Einschätzung des sexuellen Missbrauchs spielte die psychoanalytische Theorie von der kindlichen Sexualität von Sigmund Freud, die die sinnliche Lust des Kindes und seine Liebe für die Eltern mit Begriffen aus der erwachsenen Sexualität belegte, so dass bei einem unvoreingenommenen Leser bei der Lektüre seiner (brillant geschriebenen) Werke der Eindruck erweckt wird, beim Kind handle es sich um ein höchst sexualisiertes Wesen. Wenn wir uns vor Augen halten, dass Freud seine Sexualtheorie parallel zur Behandlung hysterischer Patientinnen aufgestellt hat und dass durch die Traumaforschung mittlerweile erwiesen ist, dass ein großer Anteil der an Hysterie erkrankten Menschen sexuell missbraucht worden ist, liegt die Vermutung nahe, dass Freud selbst der Mythenbildung anheim gefallen ist, die die Verantwortung des Missbrauchs vom Täter auf das Opfer verschiebt und dem missbrauchten Opfer eine aktive sexuelle Rolle bei seiner »Verführung« zuschreibt. Solche Fehlinterpretationen und Umdeutungen haben unter anderem dazu geführt, dass vielen Opfern sexuellen Missbrauchs nicht geglaubt wird.

Rollenumkehr: Das Opfer fühlt sich für den Täter verantwortlich

Die Familientherapie hat einen weiteren psychologischen Faktor beim Missbrauch zutage gefördert: die so genannte Parentifizierung des Kindes in einer gestörten Familie. Wenn die Eltern krank, behindert, alkoholkrank, depressiv oder einfach einsam sind, fallen sie als Autoritäts- und Betreuungspersonen aus. Das Kind übernimmt, meist ungefragt und ganz selbstverständlich, die Aufgaben der Eltern und fängt an, die eigenen Eltern zu »beeltern« (darum die Bezeichnung »Parentifizierung«). Wenn sich ein emotional und/oder sexuell bedürftiger Elternteil an das Kind wendet, fühlt sich das Kind verpflichtet, aus Fürsorge für den Elternteil dessen Bedürfnis nach Zuwendung, körperlicher Nähe und Sexualität zu befriedigen. Ich habe in meinem letzten Buch *Die Kunst, erwachsen zu sein* das Beispiel eines körperlich missbrauchten fünfjährigen Kindes gebracht, das beim Verprügeltwerden sich sagt: »Meine Mutter braucht das«. Das missbrauchte Opfer fühlt sich fürs Wohl des Täters verantwortlich. Diese Haltung des Kindes ist wahrscheinlich der eigentliche Grund, weshalb in vielen Missbrauchsfällen das Opfer die Schuld bei sich selbst sucht und den Täter oder die Täterin entschuldigt.

Weibliche Täter

Dass Mütter ihre Kinder nicht selten emotional missbrauchen, wird allgemein als Tatsache anerkannt. Dass manche Mütter ihre Kinder verprügeln, ist auch nichts Neues. Dass Mütter ihre Kinder aber sexuell missbrauchen können – das liegt den meisten doch recht fern, weicht dies doch sehr von unserem Idealbild der treu sorgenden Mutter ab. Die Dunkelziffer von sexuell missbrauchenden Müttern liegt sowohl bei Jungen als auch bei Mädchen sehr hoch. Hier besteht immer noch ein gesellschaftliches Tabu, sehr zum Schaden der Opfer eines solchen Missbrauchs. Denn diese schämen sich zu erzählen, dass ausgerechnet ihre Mütter sie sexuell ausgebeutet haben. Die Erinnerung daran ist so unerträglich, weil sie dem natürlichen Bedürfnis des Kindes nach mütterlicher Zuwendung zuwiderläuft. Der Missbrauch durch die Mutter stellt das, was ein Kind braucht und sich wünscht, so auf den Kopf, dass die Erinnerung daran dem Opfer oft erst spät, wenn überhaupt, dämmert. Selbst dann ist die Erkenntnis so ungeheuerlich, dass es das Opfer wie seinen Zuhörer mit Entsetzen und Zweifel erfüllt. Selbst Therapeuten und Therapeutinnen neigen dazu, dem Opfer eines männlichen Täters mehr Glauben zu schenken, als wenn eine Frau, besonders eine Mutter, die Täterin war. Oft wird die Tat verharmlost: »Es war wohl mehr ein Übergriff.« Dass eine Mutter beim Stillen oder beim Ins-Bett-Bringen eines Kindes an ihm sexuelle Handlungen vollzieht, ist für viele Menschen schlicht unvorstellbar.

Die Sozialwissenschaftlerin Claudia Heyne hat neben ihrem bekannten Buch *Tatort Couch*, das vom sexuellen Missbrauch in der Therapie handelt, ein Buch über *Täterinnen* geschrieben, in dem sie mit dem Tabu der weiblichen Aggression bricht. Sie gibt darin eine ausgezeichnete Interpretation des sexuellen Missbrauchs von Jungen durch ihre Mütter. Beide Bücher werden leider nicht mehr aufgelegt, sind jedoch antiquarisch, etwa übers Internet, erhältlich.[9]

Männliche Opfer sexuellen Missbrauchs

Lange verschwiegen wurde auch der sexuelle Missbrauch an Jungen. Dass Frauen Opfer sexueller Gewalt sein können, passt in unsere herkömmliche Vorstellung von der Frau als dem schwachen Geschlecht. Dass Männer, besonders in ihrer Kindheit, genauso Opfer sexuellen Missbrauchs werden können, passt nicht in das männliche Bild und Selbstbild. »Unsere Kultur (hat) für misshandelte Männer keinen Platz. Männer haben ganz einfach nicht Opfer eines Missbrauchs zu sein«, schreibt der amerikanische Therapeut Mike Lew in seinem Buch *Als Junge mißbraucht*: »Von einem ›wirklichen Mann‹ erwartet man, dass er sich in jeder Situation schützen kann. Er soll auch imstande sein, jedes Problem zu lösen (...) Wenn er dem Missbrauch zum Opfer fällt, erwartet unsere Gesellschaft von ihm, dass er fähig ist, damit ›wie ein Mann umzugehen‹ (...) Männer sollen ihre Gefühle auch in jedem Augenblick unter Kontrolle haben. Die im Betroffenen ständig auftauchenden Gefühle von Verwirrung, Frustration, Zorn und Angst können für ihn zum weiteren Beweis werden, dass er als Mann versagt.«[10]

Auch hier sehen wir, wie gefährlich unsere gesellschaftlichen Stereotypien sind. Wenn ein Mann sich als Opfer fühlt, dann ist er in seinen Augen (und in den Augen seiner Umwelt) kein richtiger Mann. Aus dieser Angst heraus könnte ein traumatisierter Mann beschließen, eine Fassade aufzubauen, in der er wie ein »richtiger Mann« auftritt, machohaft, gewalttätig oder als »sex machine« – nur um zu verschleiern, wie verunsichert, verwirrt und unmännlich er sich im Grunde seines Herzens fühlt. Oder er lehnt sein eigenes Geschlecht in Bausch und Bogen ab und schlägt sich auf die weibliche Seite, wird zum Softie und »Kuschelbär«.

In Wirklichkeit geht es den männlichen Opfern sexuellen Missbrauchs nicht viel anders als ihren weiblichen Leidensgenossinnen. Alle tragen die Wundmale der *Traumatisierung*: Verwirrung, Angst, Misstrauen, übermäßiges Kontrollbedürfnis, Übererregtheit, verbunden mit Taubheit, plötzlich einbrechende Erinnerungsfetzen (Intrusionen). Durch die sexuelle Grenzverletzung kommen noch spezifische Momente dazu: unklare Geschlechtsidentität, als Kompensation ein betont (stereotypisch) männliches beziehungsweise weibliches Auftreten, Unsicherheit darüber, wo Liebe aufhört und Missbrauch beginnt, tiefe Angst vor Hingabe, völlige sexuelle Enthaltsamkeit oder das Gegenteil davon: sexuelle Promiskuität und Beliebigkeit. Und als besonderes Merkmal: tiefe Scham. Diese hat damit zu tun, dass die Sexualität, neben der Spiritualität, den Kern unseres Wesens berührt. Eine Verletzung an dieser Stelle trifft uns existenziell.

Was brauchen wir, um aus der Scham herauszutreten?

Aus allen diesen Beispielen können wir ersehen, wie wichtig es ist, uns unserer Scham anzunehmen und durch sie hindurchzugehen. Scham verstellt uns den Blick auf die Wirklichkeit. Wir tappen im Nebel. Den Weg aus der Scham zu finden ist jedoch nicht leicht. Es ist tatsächlich wie im Nebel herumzutappen. Man gerät auf Irrwege, man versinkt bisweilen knietief im Sumpf. Man begegnet falschen Freunden und findet niemanden, den man nach dem Weg fragen könnte.

Der Weg aus der Scham führt häufig durch Einsamkeit, Trotz, Selbstverletzung, Missbrauch (als Täter und als Opfer), durch Selbstmissbrauch, Sucht, Depression, Gewalt. All diese Formen, so schlimm sie auch sein mögen, können notwendige Schritte auf dem verschlungenen Weg zum Selbst sein. Deshalb ist das Erste, was für die Heilung wichtig ist: *Geduld.*

Das Zweite, was wir brauchen, ist: *unserem inneren Kompass folgen.* Es gibt im Leben selbst eines schwer gestörten Menschen Zeiten, in denen er klar sieht, in denen er sich und seine Situation klar erkennt. Solche Momente mögen nur Sekunden oder Minuten dauern, aber sie reichen aus, um uns aufzuzeigen, wohin unsere Reise gehen kann. Ein besonderer Wegweiser ist dabei unser *Körper.* In unseren körperlichen Empfindlichkeiten, Verspannungen, Schmerzen sind alle unsere Lebenserfahrungen gespeichert. Sie geben uns Hinweise auf das, was uns passiert ist. Daher ist es unerlässlich, auf die Signale unseres Körpers zu hören, um Traumatisierungen zu bearbeiten. Unser Kopf kann uns etwas vormachen, unser Körper nie.

Das Dritte, was wir brauchen, sind *Menschen,* die uns wohl gesonnen sind und uns auf dem langen und mühsamen Weg der Heilung begleiten. Wenn man voller Scham ist, ist es schwer, jemandem zu vertrauen. Aber es geht nicht ohne Menschen, die uns beistehen, die uns Halt bieten, uns aber auch herausfordern, wenn wir vom Weg abkommen. Es könnte ein einzelner Mensch sein, der uns Kraft gibt, es könnte auch eine Selbsthilfegruppe von Menschen sein, die das Gleiche erlitten haben. Das Wissen, dass man nicht allein ist mit seiner Scham, sondern dass man sie auch teilen kann mit Gleichgesinnten, hebt die Einsamkeit auf. Wenn man erlebt, wie andere genauso um ihre Gesundung kämpfen, bekommt man mehr Zuversicht und Mut, auf dem Weg der Besserung zu bleiben.

Das Ziel ist ein heileres Selbst. Wir können die Wunden, die die Beschämung geschlagen hat, allmählich abheilen lassen. Wir können lernen, besser auf unsere Grenzen aufzupassen, damit wir nicht wieder verletzt werden. Wir können uns vorsichtig öffnen für neue Kontakte und Beziehungen. Und wir können uns selbst mehr lieben und schätzen. Das ist das beste Heilmittel gegen Scham.

- In unserer Scham und unserer Leidenschaft liegt das Wertvollste in uns verborgen. Wir müssen sie jedoch von ihren destruktiven Anteilen befreien.

   Victor Chu, Brigitta de las Heras

Schuld

Schuld ist, ähnlich wie Scham, für viele Menschen ein unangenehmes Thema. Die meisten fühlen sich peinlich berührt, wenn sie auf Schuld und Schuldgefühle angesprochen werden. Sie reagieren deshalb mit Verleugnung oder Wegschauen. Dadurch breitet sich um das Thema der uns bekannte Nebel aus, der die Konturen verschwimmen lässt und die Entstehung von Lebenslügen und -mythen begünstigt. Deshalb brauchen wir eine Orientierung.

Zunächst eine Begriffsklärung: Wir sollten unterscheiden zwischen *Schuldgefühlen* und *Schuldbewusstsein*. Schuldbewusstsein ist die Erkenntnis, dass wir einen Fehler begangen haben. Dieses Wissen führt uns zur Umkehr, zur Buße, Wiedergutmachung, Demut und – um ein altmodisches Wort zu gebrauchen – Läuterung. Darüber werden wir später ausführlich zu sprechen haben. Zunächst aber zu den Schuldgefühlen, die den meisten von uns bekannter sind.

Schuldgefühle

Unter Schuldgefühlen verstehen wir das durch äußere Ver- und Gebote hervorgerufene Gefühl, etwas Falsches oder Schlechtes zu *sein*: »Du bist an allem schuld!« Dieses Gefühl wird verinnerlicht, so dass wir uns selbst Vorwürfe machen, uns selbst kritisieren und schlecht machen: »Ich bin an allem schuld. Ich bin ein schlechter Mensch.« Es entsteht in uns ein innerer Kritiker, der uns erbarmungslos überwacht und verurteilt. Die Psychoanalyse nennt diese innere Instanz das *Über-Ich*. Dieses Über-Ich ist streng, es nagt an unserem Selbstwertgefühl. Wir fühlen uns als ganze Person schlecht und unwürdig. Insofern ist das Schuldgefühl der Scham verwandt. Deshalb werden beide gelegentlich (fälschlicherweise) verwechselt.

Vor Schuldgefühlen möchten wir weglaufen. Wir fühlen uns wie Lausbuben, die ständig auf der Hut sein müssen, um nicht (von unserem Über-Ich) ertappt zu werden. Das macht uns natürlich innerlich wütend. Wir wehren uns gegen diese Kontrolle. Entweder brechen wir in offene Revolte aus oder wir sabotieren die strengen Ge- und Verbote, indem wir nach vorn »ja, ja« *sagen* und hintenherum das Gegenteil davon *tun*: So verleiten uns Schuldgefühle zum Lügen. In ihnen liegt eine Menge unterdrückter Wut. Schuldgefühle führen deshalb zu einem unendlichen Teufelskreis von Lügen, Bestrafung, raffinierten Täuschungen, schweren Sanktionen usw. Dabei müssen wir im Auge behalten, dass es sich um einen inneren Kampf in uns selbst handelt. Gelegentlich projizieren wir aber diesen Kampf nach außen. Ein bekanntes Beispiel ist der Clinch zwischen suchtabhängigen Menschen und ihren co-abhängigen Partnern. Es sieht zwar äußerlich wie ein Beziehungskonflikt aus – tatsächlich müssten beide Partner aber erst einmal bei sich selbst schauen, welchen inneren Kritiker und Saboteur sie in sich tragen.

Formen totalitärer Kontrolle

Wir finden diesen Mechanismus auch im gesellschaftlichen Zusammenhang. In der christlichen Lehre gibt es das Konzept der Erbsünde: eine durch den Sündenfall Adams und Evas »vererbte« Sündhaftigkeit des Menschen. Dieses Konzept nährt im Menschen das Gefühl, grundsätzlich und von Geburt an sündhaft zu sein. Dies hat, besonders in der katholischen Kirche, dazu geführt, dass Kinder im Glauben aufwachsen, sie seien grundsätzlich schlecht, sie müssten sich ständig zu ihren Sünden bekennen und Buße tun, um (vielleicht) den Höllenqualen oder dem ewigen Fegefeuer zu entrinnen. Nur die völlige Unterwerfung vor dem allmächtigen und allgegenwärtigen Gott (und damit der kirchlichen Autorität) könne sie retten. Der Herrgott sehe alles, nichts auf der Welt bleibe ihm verborgen.

Hier wird ein gnadenloses Über-Ich im kindlichen Bewusstsein installiert. Man macht sich die Grundängstlichkeit von Kindern, ihre Gutgläubigkeit und ihre grenzenlose Phantasie zunutze, um in ihrer Seele eine Urangst vor einer unsichtbaren göttlichen Instanz zu erzeugen – um sie dann, nachdem man gefügige Untertanen aus ihnen gemacht hat, gnadenvoll aus dem Staub zu heben und auf den richtigen Weg zu führen. Erst entmündigen, dann beherrschen.

Ich beschreibe diese Machtstrategie mit so harten Worten, weil sie in meinen Augen einen gesellschaftlich sanktionierten seelischen Missbrauch von Kindern darstellt. Mir sind in der therapeutischen Praxis immer wieder Menschen begegnet, die durch ihre religiöse Erziehung völlig eingeschüchtert sind. Sie haben Angst vor jeglicher Autorität, sie haben Angst, selbstständig zu denken und zu handeln. Egal wie alt sie heute sind, es hängt immer ein Damoklesschwert über ihnen, falls sie sich nicht konform verhalten. Da ist die Bezeichnung der »ecclesiogenen Neurosen« (von der Kirche verursachte seelische Störungen) völlig zutreffend. Solche Phänomene finden wir nicht nur im Bereich der offiziellen Kirche, sondern auch in Sekten und glaubensähnlichen therapeutischen Gemeinschaften.

Diese Art des Machtmissbrauchs erinnert uns, nicht zufällig, an die »Gehirnwäsche«, die in totalitären Staaten ausgeübt wird. Noch 1985, als ich das kommunistische China besuchte – es begann sich nach Jahren der verordneten Isolation gerade dem Westen zu öffnen –, dröhnten an jeder Straßenecke Lautsprecher, die propagandistische Parolen verkündeten. Der einzige Ort, an dem ich, ohne abgehört zu werden, mit meinen Verwandten sprechen konnte, waren öffentliche Parks.

George Orwell, ursprünglich ein glühender Sozialist, beschrieb nach seinen desillusionierenden Erfahrungen in der stalinistischen Sowjetunion in seinen Romanen *Animal Farm* und *1984* eine Welt, in der die totalitäre Gewalt bis in die kleinsten Winkel eindringt, selbst in die menschlichen Beziehungen untereinander. Darin formulierte er die Leitgedanken totalitärer Herrschaft: »Alle sind gleich, nur manche sind gleicher« *(Animal Farm)* und »Big Brother is watching you« *(1984).* Dies dürfte manchen Leser an die Zeiten im Dritten Reich und in der ehemaligen DDR erinnern.

Heute sind Herrschaft und Manipulation subtiler, ihre Instrumente raffinierter geworden. Neben der Politik findet man sie immer mehr in der Wirtschaft und den Medien. Es ist heute der Konsumzwang, der uns in Konformitätsdruck bringt. Das Diktat der Märkte hat das Diktat des Staates ersetzt. – So weit zu den Schuldgefühlen.

Schuldbewusstsein und Eigenverantwortung

Schuldbewusstsein ist etwas völlig anderes: Es ist die Erkenntnis, dass wir *tatsächlich* etwas Falsches getan, dass wir einen Fehler begangen haben. Das Schuldbewusstsein bezieht sich also auf ein schuldhaftes *Verhalten* – nicht auf uns als ganze Person, nicht auf unser ganzes Dasein. Schlecht ist das, was ich getan habe, nicht ich als Person: »Ich habe dies oder jenes falsch gemacht. Das erkenne ich jetzt. Es tut mir Leid und ich übernehme die Verantwortung dafür.«

Die innere Repräsentanz des Schuldbewusstseins ist das *Gewissen.* Ich habe dies im Buch *Scham und Leidenschaft* wie folgt beschrieben: »Unser Gewissen entsteht aus den Lebenserfahrungen, die wir im Laufe unseres Lebens gemacht haben. Aus den guten und schmerzlichen Folgen unseres Handelns ziehen wir Folgerungen und Konsequenzen. Wir beginnen einen inneren Leitfaden für unser Leben zu weben, der immer wieder revidiert und vervollständigt wird. (...) Aus diesem höheren Wissen formen wir unsere ethisch-moralischen Grundsätze und Normen, nach denen wir unser individuelles und gemeinschaftliches Leben gestalten. Das Gewissen begleitet und leitet unsere Gedanken und unsere Handlungen und gibt damit unserem Leben Richtung und Sinn.«[11]

Ein falsches Verhalten können wir korrigieren. Das ist der entscheidende Unterschied zwischen Schuldgefühlen und Schuldbewusstsein. Wenn ich mir meiner Schuld bewusst bin, kann ich meine Tat bedauern und die Verantwortung für die Konsequenzen tragen. Ich kann den Geschädigten um Verzeihung bitten. Ich kann versuchen, den Schaden wieder gutzumachen. Ich kann für meine Schuld Buße tun, das heißt, einen Preis zahlen, der dem angerichteten Schaden entspricht. Danach habe ich meine Schuld getilgt. Ich kann einen neuen Anfang machen.

Dies alles klingt vielleicht ein bisschen antiquiert und altmodisch. Es ist jedoch die Grundlage unseres Soziallebens. Unser Rechtssystem basiert darauf, dass einer, der etwas verschuldet hat, die Verantwortung dafür übernimmt und die Konsequenzen trägt. Er wird dazu verurteilt, dem Geschädigten den Schaden, soweit es geht, zu ersetzen – das ist die Wiedergutmachung – und eine Strafe anzunehmen – das ist die Buße. Es wird in der heutigen Justiz auch vermehrt auf eine (freiwillige) Klärung und Aussprache zwischen Täter und Opfer mit Hilfe eines Vermittlers hingearbeitet (Mediation), da man erkannt hat, dass alleine durch eine von außen angeordnete Bestrafung des Täters die beteiligten Menschen noch nicht innerlich versöhnt sind. Die Konfrontation des Täters mit den Folgen seines Tuns, etwa dem Schmerz des Opfers, und das Ausdrücken des Schmerzes und der Wut von Seiten des

Opfers gibt beiden die Möglichkeit, mit dem Geschehen abzuschließen.

Uns unserer tatsächlichen Schuld bewusst zu werden bewirkt also das Gegenteil dessen, was Schuldgefühle in uns erzeugen. *Schuldgefühle* machen uns unterwürfig, flüchtig und rachsüchtig, während *Schuldbewusstsein* uns aufrechter, demütiger und selbstbewusster macht. Es gehört zum menschlichen Reifungsprozess, zu erkennen, dass keiner es vermeiden kann, im Leben schuldig zu werden, da all unser Tun und Lassen Konsequenzen nach sich zieht – und dass wir gleichzeitig durch die Übernahme der Verantwortung für unsere Schuld an Reife und Beziehungsfähigkeit gewinnen.

Zum leichteren Verständnis hier eine Gegenüberstellung beider Begriffe:

	Schuldgefühl	**Schuldbewusstsein**
Definition	Das Gefühl, das durch eine von äußeren Autoritäten und vom inneren Über-Ich geforderte Anpassung hervorgerufen wird	Die Erkenntnis, dass ich etwas Falsches getan habe; das Bewusstsein eines schuldhaften Verhaltens
Was wird als fehlerhaft angesehen?	Die Person als Ganzes (kann nicht korrigiert werden)	Ein fehlerhaftes Verhalten (kann korrigiert werden)
Innere Instanz	Das Über-Ich, das »schlechte« Gewissen	Das Gewissen
Wirkungsweise der inneren Instanz	Verdammung; ist bestrafend, moralisierend, selbstgerecht, unverzeihlich	Konfrontation mit dem fehlerhaften Verhalten; ist nüchtern, gerecht, aber nicht nachtragend

	Schuldgefühl	Schuldbewusstsein
Innere Reaktion	Scham, innere Wut, Rachegelüste, Wiederholungszwang	Reue, Bedauern
Äußere Reaktion	Unterwürfigkeit, Scheinanpassung, Flucht, Sabotage, Rache, Machtspielchen, Wiederholung der Tat, sich endlos schuldig fühlen	1. Sich zur Schuld bekennen 2. Das Opfer um Verzeihung bitten 3. Buße tun (Strafe annehmen) 4. Wiedergutmachung leisten am Opfer 5. Tilgung der Schuld, sich selbst vergeben 6. Einen neuen Anfang machen
Folgen	Selbstverachtung, endloses Weglaufen vor sich selbst, nicht erwachsen werden, süchtig werden, Wiederholung von Fehlern, Beziehungsabbrüche	Selbstachtung und Demut, die eigenen Grenzen und Fehler kennen, Reifung, erwachsen werden, beziehungsfähiger werden

Freude

Dieses große Kapitel über die Gefühle fing mit der (Todes-)Angst an, ich möchte es mit der (Lebens-)Freude beschließen. Auf die Liebe werde ich im nächsten Kapitel gesondert eingehen.

Die Emotion »Freude« taucht kaum in medizinischen oder psychologischen Fachbüchern auf (es sei denn, diese befassen sich speziell mit dem Lachen als Therapie)[12]. Dies vielleicht deshalb, weil man es in diesem Bereich mit Störungen und Krankheiten zu tun hat, die alles andere als lustig sind. Wenn wir Patienten oder Klienten nach den Ursachen ihrer Krankheit fragen, berichten sie verständlicherweise vorwiegend von den Erlebnissen in ihrem Leben, die sie geängstigt, bedrückt oder erschreckt haben. Indem wir mit ihnen diese unerfreulichen Ereignisse durchgehen, hoffen wir sie davon zu befreien. Dies gelingt auch meistens.

Dabei vergessen wir, dass es auch eine andere Seite der Medaille gibt: Neben den Umständen und Faktoren, die uns krank machen, gibt es auch solche, die uns heil machen, die uns heiterer, gelassener, optimistischer werden lassen. Wenn ich abends einen Comicband von *Garfield*, den *Peanuts* oder *Vater und Sohn* in die Hand nehme, geht es mir danach besser und ich schlafe leichter ein. Als ich noch studierte, haben mein Freund und ich jedes neues Heft von *Asterix* sofort nach dessen Erscheinen gekauft – das war besonders in den Zeiten des Staatsexamens »lebensrettend«. Wir kannten die Hefte bald so gut, dass wir uns gegenseitig wie in einem Quiz fragten: »In welchem Heft steht der Spruch: ›Ohne Fleisch kein Preisch‹?«

Na, wissen Sie's? Ich habe eben danebengetippt, ich dachte, es stünde in *Tour de France*. Fehlanzeige! Es ist schon zu lange her. Aber mein Sohn kennt die Comics in- und auswendig, seit ich die kostbaren alten Hefte der Familie zur Verfügung gestellt habe. Mittlerweile sehen sie ziemlich zerfleddert aus. Mein Sohn wusste prompt die Antwort: »Ja, es war in dem Heft mit dem Schild« – aha, also in *Asterix und der Arvernerschild*! Er fand die Stelle auch sofort.

Darf ich Ihnen die Passage vorstellen? Asterix und Obelix sind wieder auf der Flucht vor den Römern und begegnen, nach einem erfrischenden Handgemenge mit einer römischen Kohorte, einem Gergovianer. Schon nach ein paar Worten merken sie: Die Leute von Gergovia lispeln. Macht nichts, man gewöhnt sich dran. Ihre neue Bekanntschaft nimmt sie zum Essen mit nach Hause. Ihnen schmeckt's. Asterix fragt die Dame des Hauses: »Das ist aber gut! Was ist denn da drin?« »Alsch erschtesch braucht man daschu viel Fleisch ...« Obelix flüstert Asterix zu: »Fleiß?« Asterix: »Fleisch!« Die Köchin: »Genau! Fleisch! Und Fleisch natürlich auch! Denn ohne Fleisch kein Preisch!«

Ganz im Ernst: Das Lachen besitzt eine unschätzbare heilende Kraft – egal, ob es sich um eine körperliche oder psychische Krankheit handelt (oder einfach um einen missglückten Tag) ... Ich muss schon wieder unterbrechen: Draußen fängt es gerade an zu stürmen. Ich laufe hinunter in den Garten, um die Sachen vor dem Regen zu retten. Dort sehe ich meinen Sohn mit seinem Freund herumwirbeln und heulen wie der Wind, der über sie fegt. Der Regen prasselt herunter, sie ziehen sich spontan aus und rennen ins Nasse, es ist ein so schwüler Tag gewesen. Meine Frau und ich schauen zu und lachen, früher haben wir auch so was Verrücktes gemacht. Wir machen ein Spontanfest, der Kuchen steht sowieso schon auf dem Tisch. Unser Sohn setzt sich zwischen uns auf die Hollywoodschaukel, ich gebe ihm eine Gabel voll Kuchen, es fällt ihm ein Krümel in die Achsel: »Seit wann isst du denn Kuchen mit der Achsel?« Lachen, Ausgelassenheit. Die stickige Hitze wird weggefegt vom Regen und Hagel, der herunterprasselt ...

Lachen ist wie ein befreiendes Gewitter. Wo vorher brütende Hitze und Dumpfheit im Kopf waren, ist die Luft mit einem Mal wie reingefegt. Lachen befreit die Lungen, pumpt frisches Blut in die Adern. Man fühlt sich leichter, landet unvermittelt wieder im Hier und Jetzt. »Kann man in seinen Grübeleien verbleiben, wenn man lacht?«, frage ich meine Frau. Sie weiß es nicht. Es war sowieso eine rhetorische Frage ...

Nun hat sich der Sturm beruhigt. Wenn ich die letzte Passage im Manuskript noch mal lese, merke ich, wie der Text anders fließt als sonst. Freude ist leicht. Freude verbindet. Freude schafft Freiheit, Luft zum Atmen, Bereitschaft für neue Perspektiven und unerwartete Wendungen. Dies ist das Elixier, das wir brauchen, um Depression und Wut, Neid und Sorgen zu vertreiben.

Es gibt ein Buch des amerikanischen Psychotherapeuten Sheldon Kopp mit dem Titel *This Side of Tragedy* (Diese Seite der Tragödie). Es befasst sich mit der Doppelgesichtigkeit des menschlichen Schicksals. Im Tragischen steckt immer ein Stückchen Komik, in der Lüge findet sich stets ein Körnchen Wahrheit. Dort, wo wir gleichzeitig lachen und weinen müssen, fühlen wir uns dem Menschlichen am nächsten. Charlie Chaplin hat dies meisterhaft verkörpert, wenn er den traurigen Clown spielte. Das Tragische verbindet uns mit der Ewigkeit, das Komische mit dem Diesseits. Sheldon Kopp stand dazwischen. Als er seine Bücher schrieb, wusste er, dass er einen langsam wachsenden Gehirntumor hatte. Er starb jung. Charlie Chaplin wurde sehr alt. Charlie Brown ist unsterblich.[13]

Lachen bringt uns zurück auf die Erde. Wir brauchen, bei aller Erhabenheit des Tragischen, die Erdigkeit des Lachens. Humor ist, wenn man trotzdem lacht. Bei aller Traurigkeit die kleinen Freuden des Lebens sehen und genießen. Licht und Dunkelheit gehören zusammen. Licht kann man nicht malen, das Papier, die Leinwand ist schon weiß – nur durch das Dunkel lässt sich Licht darstellen, man denke nur an die Bilder Rembrandts.

Es saß einst ein todkranker Amerikaner in einem Hotelzimmer und ließ sich alte Komikerfilme aus der Stummfilmzeit vorführen. Wenn ein Besucher kam, musste dieser ihm einen Witz erzählen. Er genas von seiner Krankheit. Der Mann hieß Norman Cousins und schrieb später ein Buch über seine »Wunderheilung«, eine Heilung, die durchs Lachen herbeigeführt wurde.[14]

Es gibt mittlerweile Lachtherapien, es gibt Lachyoga, es gibt Selbsthilfegruppen, die sich regelmäßig zum Lachen treffen. Vielleicht reichen auch ein paar Comichefte oder ein Video mit Charlie Chaplin oder Jacques Tati. – Ich glaube, jetzt höre ich mit diesem Kapitel auf. Sonst wird's doch wieder zu ernst. Draußen donnert's wieder ...

Selbsttäuschung in der Liebe

Liebe ist die schönste Nebensache der Welt. Wir können zwar auch ohne Liebe leben, aber das wäre kein besonders lebenswertes Leben, eher ein Überleben. Wenn wir Menschen fragen, was ihnen im Leben am meisten bedeutet, rangiert Liebe meist an erster Stelle.

Liebesglück und Liebesleid liegen jedoch sehr nahe beieinander. So selig uns die Liebe machen kann, so tief kann sie uns ins Unglück stürzen. Wenn es vorbei ist, fragen wir uns, warum es so passiert ist.

Ich möchte hier auf die häufigsten Selbsttäuschungen und Illusionen in der Liebe eingehen. Dabei will ich mich auf die romantische Liebe beschränken.

»Ich will versuchen, ihn (oder sie) zu lieben.«

Jemanden lieben zu *wollen* geht nicht. Wenn Liebe entflammt, ist sie eine spontane emotionale Reaktion, auf die wir keinen Einfluss haben. Wir können nicht beschließen, jemanden zu lieben. Die Liebe fällt, wohin sie will. Die alte Vorstellung aus der griechischen Mythologie, dass eine Person, die vom Liebespfeil des Gottes Eros (auf Lateinisch Amor) getroffen ist, sich hoffnungslos verliebt, trifft die Sache recht genau. Natürlich gibt es auch die Liebe auf den zweiten Blick, wenn die Zuneigung für eine andere Person langsam in einem wächst. Aber auch dies ist mit dem Willen nicht steuerbar.

Wann nehmen wir uns vor, jemanden zu lieben? Doch nur dann, wenn wir die andere Person *nicht* lieben. Der Entschluss, jemanden lieben zu wollen (oder zu müssen), ist fast immer eine Reaktion auf die Erkenntnis, dass man ihn eigentlich *nicht* liebt. Man möchte es sich jedoch nicht eingestehen.

Diese widersinnige Situation könnte zum Beispiel entstehen, wenn wir durch äußere Umstände gezwungen sind, mit einem Menschen eine intime Beziehung einzugehen, ohne dass wir es wirklich wollen. Dies ist häufig in traditionellen Ehen der Fall gewesen, die aus ethnischen, religiösen, standesbedingten oder ökonomischen Gründen geschlossen wurden. In manchen Ländern ist dies heute noch üblich. Die Ehen werden entweder vermittelt oder das Familienoberhaupt bestimmt, wen der Sohn beziehungsweise die Tochter heiraten soll, wenn dieser oder diese ins heiratsfähige Alter kommt. »Du wirst deinen Bräutigam schon mit der Zeit lieben lernen«, lautet dann der wohlmeinende Rat der Mutter, die das gleiche Schicksal am eigenen Leib erlebt hat. Es ist der Trost eines früheren Opfers an ein jetziges Opfer. Wenn die Braut zustimmt und sagt: »Ja, ich will versuchen, ihn zu lieben«, dann stellt dieser Entschluss einen

> • Wer Liebe sucht, findet sie nicht; sie überfällt uns, wenn wir sie nicht erwarten.
>
> *George Sand*

Versuch dar, etwas, was man passiv erleidet, ins Aktive zu verkehren. Es ist der Versuch, aus einem unvermeidlichen Schicksal das Beste zu machen.

Was könnte man stattdessen tun? Wenn man den Ehepartner nicht von Herzen liebt, kann man ihn respektieren. Mehr wird auch von der Tradition nicht verlangt. Aber man sollte sich (und dem anderen) nichts vormachen, was man nicht fühlt. Auf lange Sicht kann man den anderen nicht täuschen, irgendwann kommt er sowieso dahinter. Wenn er es tatsächlich nicht merkt, ist es noch schlimmer: Dann könnte die Situation entstehen, dass sich beide etwas vormachen und eine illusionäre Beziehung leben.

Neben der Verwirrung der Gefühle, die daraus entstehen, könnte die Selbsttäuschung zur Folge haben, dass die Psyche oder der Körper erkrankt. *Wenn wir eine wesentliche Tatsache in unserem Leben verleugnen, dann leiden wir psychisch oder körperlich darunter.* Wir werden möglicherweise depressiv, launisch, frustriert, ohne dass wir wissen, warum. Wir reagieren vielleicht aggressiv auf den Partner (den wir angeblich lieben). Oder wir behandeln ihn herablassend, brechen immer wieder einen Streit vom Zaun. Dadurch halten wir ihn uns unbewusst vom Leib – eine Reaktion auf die erzwungene Liebe. Oder uns wird übel in seiner Nähe, er ekelt uns an. Frauen können verstärkte Menstruationsbeschwerden oder Migräne bekommen, Männer Erektionsstörungen. Süchte können sich einstellen. Süchte sind Ersatzbefriedigungen. Sie sind Zeichen dafür, dass wir uns innerlich unerfüllt fühlen, ohne dass wir es uns eingestehen.

Eine andere Folge der Verleugnung, dass man den Partner eigentlich nicht liebt, besteht darin, dass wir die Möglichkeit versäumen, nach Alternativen zu suchen. Eine Alternative könnte zum Beispiel darin bestehen, dass man die Heirat mit einem ungeliebten Partner von vornherein ablehnt. Wenn diese unvermeidlich ist, könnte man dem Partner reinen Wein einschenken und mit ihm einen Modus Vivendi, ein erträgliches Miteinander vereinbaren. Oder man könnte sich im Einvernehmen trennen und nach einem Partner suchen, den man wirklich liebt. Man könnte auch bewusst auf die Erfüllung des Liebesglücks verzichten und das Leben, so, wie es ist, bewusst und ohne Illusionen annehmen. Wenn dies bewusst geschieht, sitzt man nicht mehr einer Lebenslüge auf.

»Liebe ist ein Gefühl – Verstand hat darin nichts zu suchen«

Nun stimmt es wohl, dass die Liebe hinfällt, wohin sie will. Aber was wir daraus machen, ist sehr wohl auch eine Sache des Verstandes. Wir können uns im Laufe des Lebens in alle möglichen (und unmöglichen) Menschen verlieben, aber mit wem können wir diese Liebe tatsächlich *leben*? Dies ist langfristig die entscheidende Frage. Um sie zu beantworten, brauchen wir sehr wohl unseren Verstand, und zwar aus verschiedenen Gründen:

Zum einen ist es wichtig zu wissen, aus welchen *Motiven* wir uns einen Partner suchen. Fühlen wir uns gerade einsam oder suchen wir nach Abwechslung? Brauchen wir eher einen Gesprächspartner oder einen Geliebten? Wie sieht es mit Kindern aus? Will ich überhaupt Kinder haben und wie viele? Wünsche ich mir eher Kinder als einen wirklichen Partner?

Dann könnten wir uns fragen, nach welchem *Muster* wir uns verlieben. Manche Frauen fliegen auf Männer mit Bart, andere mögen jüngere Partner. Manche Männer bevorzugen Blondinen, andere zieht es zu häuslichen Typen. Diese verschiedenen Bevorzugungen stellen keineswegs nur Stereotypien dar, sie geben uns vielmehr Auskunft über unsere Bedürfnisse und unsere Prägung. Die Frau, die ältere Männer mit Bart bevorzugt, hat vielleicht eine besonders enge Beziehung mit ihrem Vater oder Großvater gehabt. Die andere, die jüngere Partner bevorzugt, hat vielleicht einen jüngeren Bruder, den sie sehr lieb hat. Jemand, der aus einer Alkoholikerfamilie stammt, fühlt sich vielleicht von Menschen angezogen, die für eine Sucht anfällig sind. All diesen Beispielen ist die Tatsache gemeinsam, dass die Betreffenden andere Männer und Frauen gar nicht erst als potenzielle Partner oder Partnerinnen wahrnehmen. Sie sind auf einen Typus fixiert, wenn sie sich verlieben. Andere können durchaus nette Freunde oder Kumpel sein, aber als Partner kommen sie gar nicht in Betracht.

Eine Frau verliebt sich immer wieder in Männer, die einen »schwebenden« Eindruck hinterlassen, so, als wären sie nicht ganz da. Der erste ist Wissenschaftler und immer im Labor verschwunden. Der nächste ist Handelsreisender. Der dritte hängt noch an seiner Expartnerin. Als die Frau in der Therapie über den frühen Tod ihres Vaters spricht und zum ersten Mal ihre Trauer spürt, erkennt sie spontan, weshalb sie sich immer wieder in Männer verliebt, die wenig greifbar sind.

An diesem Beispiel können wir ersehen, wie wichtig es ist, seinen Verstand mit einzuschalten, wenn man sich verliebt. Viele verlieben sich immer wieder unglücklich in die gleiche Sorte von Menschen. Erst wenn sie sich bewusst machen, von welchen Motiven sie unbewusst geleitet worden sind, können sie ihre innere Fixierung lockern und auch andere potenzielle Partner in Betracht ziehen.

»Ich werde ihn schon dazu bringen, mich zu lieben«

Dies ist eine der verbreitetsten Illusionen in der Liebe überhaupt. Wenn man verliebt ist, wünscht man natürlich nichts sehnlicher, als vom anderen ebenfalls geliebt zu werden. Die eigene Liebe erwidert zu bekommen ist ein großes Glück. Dies geschieht jedoch eher selten: Wir brauchen uns nur zu fragen, wie oft wir uns verliebt haben und wie oft unsere Liebe erwidert wurde.

Zu erkennen, dass unsere Liebe nicht erwidert wird, ist enttäuschend und kränkend zugleich. Wenn unsere Sehnsucht überaus groß ist, möchten wir zuerst gar nicht akzeptieren, dass unsere Liebe einseitig ist. Wir wollen unsere Niederlage einfach nicht eingestehen.

Der *Wunsch nach Widerspiegelung* unserer Liebe kann so groß werden, dass wir unsere Liebe in den Angebeteten projizieren. Jede kleine Freundlichkeit von seiner Seite interpretieren wir als Zeichen dafür, dass er uns doch liebt. Wir können auch nicht böse auf ihn sein, daher lenken wir unsere Wut, die eigentlich auf ihn gerichtet ist, auf die Menschen um ihn: Seine Exfreundin halte ihn fest oder seine Eltern hätten etwas gegen uns. Gleichzeitig erfinden wir alle möglichen Entschuldigungen dafür, dass er keine Zeit für uns hat: Er müsse erst mal sein

Examen bestehen, er sei zu höflich, um aufdringlich zu sein, er sei zu schüchtern usw.

In der Neigung zu projizieren können wir erkennen, dass in der Verliebtheit viele *narzisstische* Anteile enthalten sind. Hier wiederholen wir ein Stück unserer kindlichen Entwicklung: Unsere Selbstliebe entwickelt sich aus der Liebe, die wir von unserer Mutter und anderen nahen Bezugspersonen empfangen haben. Der Säugling sucht nach Augenkontakt mit der Mutter. Wenn er den liebenden Blick der Mutter sieht, erfährt er, dass er liebenswert ist. Er nimmt den Blick der Mutter in sich auf und schaut *sich* dann mit dem gleichen Blick an – daraus entsteht sein Selbstbild. Seine Selbstliebe ist somit eine Widerspiegelung der Liebe der Mutter. Gleichzeitig strahlt das Kind die Mutter an und lacht – und entfacht und verstärkt damit den Glanz in den Augen der Mutter. So verstärkt sich ihre gegenseitige Liebe.

Dies ist der Ursprung aller symbiotischen Liebe, die wir in jeder späteren Liebe erfahren. Wenn zwei sich lieben, verschmilzt ihr Blick auf die gleiche Weise wie jener zwischen Mutter und Kind. (In der Psychoanalyse spricht man von einer projektiven Identifikation, in deren Verlauf sich der primäre Narzissmus des Säuglings bildet.)

Manche Säuglinge suchen jedoch vergeblich nach dem Glanz in den Augen ihrer Mutter. Wenn sie dieser ins Gesicht schauen, begegnen sie nur einem stumpfen oder gleichgültigen Blick. Umso heftiger bemühen sie sich, hinter dem abweisenden Blick der Mutter die erhoffte Liebe hervorzulocken – indem sie diese anlachen, jammern, weinen oder indem sie dieser einfach stumm nachschauen.

All diese Verhaltensweisen zeigt der Erwachsene später auch seiner Angebeteten gegenüber. Er versucht sie mit allen Mitteln auf sich aufmerksam zu machen. »Ich werde sie schon dazu bringen, mich zu sehen und zu lieben.« Das ist der verzweifelte Wunsch jedes unglücklich Verliebten.

Wie können wir von einem solchen illusionären Wunsch geheilt werden? Wir müssen in unsere Kindheit zurückgehen. Dann erkennen wir zum Beispiel, dass es vergeblich war, die Liebe der Mutter zu gewinnen. Wir haben von vornherein verloren, sie hat uns nicht geliebt. Es war nicht unsere Schuld. Wir konnten nichts dafür, dass sie uns nicht geliebt hat. (Auch die Mutterliebe fällt, wohin sie will, sie lässt sich nicht erzwingen.) Diese Erkenntnis löst einen tiefen Schmerz in uns aus. Gleichzeitig spüren wir, dass es die Wahrheit ist. Nachdem der Schmerz abgeklungen ist, spüren wir eine Ruhe in uns. Es ist die Ruhe, die wir empfinden, wenn wir eine Wahrheit, vor der wir immer weggelaufen sind, endlich in uns zulassen. Es ist wie ein Ankommen bei uns selbst. Wir empfinden eine stille, traurige Ruhe, in der wir endlich uns selbst spüren können – und wir entdecken, dass es ausreicht, wenn wir uns selbst lieben. Danach wird es uns leichter fallen, eine realistische Beziehung zur Mutter (beziehungsweise zur Angebeteten) zu finden.

Ein Beispiel: Ein Mann erkennt nach vielen Jahren zu seinem eigenen Erstaunen, dass sein Vater ihn eigentlich nicht liebt. Sein Vater respektiert ihn zwar, aber er hat eine viel stärkere Beziehung zum anderen Sohn. Sein ganzes Leben hat sich der junge Mann abgemüht, die Liebe und Anerkennung des Vaters zu erringen. Das Äußerste, was er je geerntet hat, war ein anerkennendes Abnicken von Seiten des Vaters, der sich dann anderen Dingen zuwandte. Nachdem er seine Versuche, die Liebe des Vaters zu erlangen, aufgegeben hat, kann er ein natürlicheres

Verhältnis zu diesem aufbauen. Gelegentlich kann er sogar die kurzen Gespräche mit dem Vater genießen und mit diesem lachen. Ihre Beziehung entspannt sich. Er merkt, dass seine hohen Erwartungen ihn daran gehindert haben, das Hier und Jetzt mit seinem Vater zu genießen. Im gleichen Maße entkrampft sich auch sein Verhältnis zu Frauen. Wo er früher Frauen idealisiert hat, beginnt er diese realistischer und »ungeschminkter« zu sehen. Er stellt auch keine unmöglichen Forderungen mehr an sich, besser sein zu müssen, als er ist.

»Nach so vielen gescheiterten Beziehungen habe ich es aufgegeben, nach meiner Traumfrau/meinem Märchenprinzen zu suchen«

Gelegentlich könnte es interessant sein, Sätze umzudrehen. Statt »Alle meine bisherigen Partner haben mich enttäuscht – deshalb habe ich es aufgegeben, nach der Traumfrau (beziehungsweise dem Märchenprinzen) zu suchen« könnte man sich fragen, ob die umgekehrte Aussage der Wahrheit nicht näher käme: »Ich habe immer nur nach meiner Traumfrau/meinem Märchenprinzen gesucht, deshalb sind alle bisherigen Beziehungen gescheitert.«

In der ersten Aussage klingt leise eine Schuldzuweisung durch: Weil die bisherigen Partner mich enttäuscht haben, habe ich resigniert. Die anderen sind schuld, ich kann nichts dafür – wieder finden wir hier die altbekannte Projektion. In der Umkehrung des Satzes beginnen wir uns vorsichtig zu fragen, ob der Grund für das Scheitern unserer bisherigen Beziehungen vielleicht auch in unseren übersteigerten Erwartungen liegen könnte.

Es gibt keine(n) Märchenprinzen oder -prinzessin, auch wenn die Regenbogenpresse hartnäckig an dieser Vorstellung festhält. Sie gaukelt uns diese Illusion vor, weil wir ihr nur zu gerne glauben würden. Die Vorstellung ist einfach zu schön, dass es irgendwo auf der Welt einen Menschen gibt, der auf uns wartet und uns aus allem Unglück und Alleinsein erlöst! Es ist wunderbar zu glauben, dass uns irgendwann die Vorsehung mit dem Idealpartner zusammenführen wird. Es wäre märchenhaft.

Aber halt! Wir sollten Märchen vielleicht nicht vom Ende her lesen: »Und sie lebten glücklich bis an ihr Lebensende.« Wir sollten den Verlauf, die Entwicklung im Märchen genauer anschauen. In fast jedem Märchen – egal, ob wir »Aschenputtel«, »Schneewittchen«, »Allerleirauh«, »Dornröschen« oder den »Froschkönig« nehmen – geht es um Finden und Verlieren, um Irrungen und Wirrungen, bis sich die Liebenden endlich in die Arme sinken dürfen. Märchen sind geraffte Lebensläufe, in die Form von Parabeln gegossen. Das Happy End ist zwar programmiert, aber die wesentliche Aussage ist die Beschreibung von schwierigen, vertrackten, bisweilen grausamen Menschenschicksalen, mit denen sich der Leser identifizieren kann.

In den Märchen erkennen wir unsere eigenen Konflikte wieder. Es sind archaische Motive, die sich uns darin offenbaren. Auch wenn wir keine Märchenprinzen und -prinzessinnen sind: Wir sind gemeint, wenn wir lesen, wie Kinder verstoßen und in den dunklen Wald geschickt werden. Wir sind gemeint, wenn wir lesen, wie eine Frau unsere Nähe nicht ertragen kann und uns »an die Wand klatscht«. Wir sind gemeint, wenn wir lesen, wie ein Vater seine Tochter begehrt und sie sich wie ein wildes Tier Schutz in einer Baumhöhle sucht. Es gibt kein Märchen, das mit »Und sie lebten glücklich bis an ihr Lebensende« beginnt. Die Heldinnen und Helden müssen einen langen Weg zurücklegen, bis sie an das glückliche Ende gelangen. Vielleicht müssen wir ebenfalls durch das banale, frustrierende Leben gehen, bis wir – vielleicht – eines Tages unser Glück finden.

Das Happy End im Märchen ist kein Versprechen: Es muss nicht eintreffen, aber es *kann*. Das glückliche Ende ist eher Verheißung, Trost, Glauben, Hoffnung. Die Märchen nennen auch die Bedingungen für das Gelingen von Liebesbeziehungen: Selbstvertrauen, Beharrlichkeit angesichts aller Widerstände, Treue in der Untreue, Demut, Mut, Geduld, redliches Bemühen und Vertrauen auf gute Kräfte.

Real an den Märchen sind also die Widerstände, denen wir unweigerlich begegnen werden, wenn wir uns auf die Suche nach einem Liebespartner machen. Eine wichtige Tatsache im Leben heißt: *Es gibt keinen Idealpartner* in der Gestalt eines einzigen Menschen, der irgendwo auf der Welt auf mich wartet. Es gibt viele *mögliche* Partner. Möglich heißt hier: passend. Also Menschen, die zu mir passen und zu denen ich passe.

Wir kennen die Suche nach einem passenden Partner von der Heiratsvermittlung her: Da wird versucht, von Eigenschaften wie Alter, Körpergröße, Hobbys, Beruf, Horoskop und Ähnlichem ausgehend die für einen Bewerber passenden Partner auszusieben. All diese Suchkriterien sind nicht falsch, aber sie sind zu grob – das »Sieb« ist zu grob, um es bildlich auszudrücken. Eigentlich ist es vermessen, überhaupt Kriterien für einen passenden Partner aufzustellen – die »Chemie« muss stimmen. Dieser unklare Begriff zeigt, wie undefinierbar und unvorhersagbar die Kriterien für eine gute Partnerwahl sind.

Denn wir selbst sind die eigentlichen »Instrumente«, um einen passenden Partner ausfindig zu machen. Also heißt es, auf unsere eigene Reaktion zu achten, wenn wir einem Menschen begegnen, der uns interessiert. Wie reagieren unsere Sinne auf ihn, wie riecht er? Was spüren wir, wenn wir in seiner Nähe sind? Woran erinnert er uns? Welche Träume löst er in uns aus? Wie reagiert er umgekehrt auf uns? Zeigt er Interesse oder Desinteresse? Gibt es Warnsignale? Welche körperliche Distanz oder Nähe fühlt sich gut an? – All das sollten wir mit wachen Sinnen registrieren. Wenn wir in unsere Phantasien und Wunschträume abschweifen, müssen wir immer wieder zurückkehren in die Realität: spüren, nachspüren, nachprüfen, nachfragen, zuhören, sprechen. Schritt für Schritt. Die Realität ist die einzig verlässliche Richtschnur dafür, ob wir uns auf dem richtigen Weg befinden.

Wichtig ist es auch, auf die Rückmeldung von Freunden und Freundinnen zu achten. Wir sollten uns nicht blind nach ihr richten, aber vier Augen sehen mehr als zwei, und Menschen, die uns gut kennen, haben oft ein gutes Gespür dafür, ob ein potenzieller Partner zu uns passt.

Natürlich haben wir unsere Idealbilder und -vorstellungen von einer Liebesbeziehung. Dort, wo die reale Person von unserer Idealvorstellung abweicht, wird es interessant: Wie halten wir die Spannung zwischen Idealbild und Realität aus?

Wir können keinen Menschen verändern. Nur uns selbst. Dies ist eine (bittere) Erkenntnis, die wir immer wieder machen, wenn wir versuchen, einen Partner nach unserem Bild »umzumodeln«. Max Frisch hat einmal sinngemäß gefordert: »Mach dir kein Bildnis in der Liebe!« Die Forderung ist zwar richtig, aber unmöglich zu erfüllen. Wir haben alle eine Idealvorstellung davon, wie wir unseren Partner haben möchten. Das passiert automatisch. Auch die Enttäuschung ist unvermeidbar – die *Ent-Täuschung*, wenn wir merken, wir haben uns in unserer Vorstellung getäuscht, die Realität ist anders als unser Wunschtraum. Wichtig ist, dass wir lernen, die Enttäuschung zuzulassen, auszuhalten und anzunehmen. Wenn wir uns erlauben, um den geplatzten Wunschtraum zu trauern, dann werden wir den Partner besser sehen können, wie er wirklich ist. Das bedeutet nicht, dass wir mit ihm zusammenbleiben müssen oder sollen. Ebenso wenig heißt es, dass wir uns nun auf jeden Fall von ihm trennen müssten. Aber den Partner so zu sehen, wie er ist, ist die einzige Basis für eine reale Beziehung.

Genauso wichtig ist es, von ihm zu hören, wie er uns sieht. Auch hier können wir uns in *unserer* Selbstwahrnehmung täuschen. Manchmal haben wir ein zu positives Bild von uns selbst. Wir meinen, wir seien fehlerfrei, die Schwierigkeiten in der Beziehung hätten vorwiegend mit dem Partner zu tun. Daher kann es heilsam sein zu hören, wie er uns sieht – wo wir ihn enttäuschen, wo wir ihm wehtun oder ihn in seiner Entwicklung behindern und was er um unseretwegen für Opfer bringt. Manchmal sehen wir uns aber zu negativ. Wir meinen, wir kämen nicht an ihn heran, wir seien ihm nicht würdig, wir fühlen uns klein und unscheinbar neben ihm. Auch da ist es heilsam zu erfahren, was er an uns bewundert, schätzt und liebt, welche Stärken und Vorzüge er in uns sieht, was wir ihm wert sind. Gerade dieser Gesichtspunkt ist wichtig, wenn wir an unserem Selbstbild leiden. Wenn wir uns selbst abwerten, neigen wir dazu, jemand anderen zu idealisieren. Darum gilt es, nicht nur unsere Idealbilder vom Partner zu korrigieren, sondern auch unser eigenes Selbstbild. Es geht um einen Ausgleich, eine neue Balance in der Beziehung.

»Ich hätte einen besseren Partner verdient«/»Mein Partner hätte etwas Besseres verdient«

Diesen Satz sagt man, wenn man sich besser oder schlechter als den Partner sieht. Im ersten Fall meint man besser zu sein als der Partner, den man sich genommen hat – man sei beliebter, komme aus einer vornehmeren oder wohlhabenderen Familie, sei besser gebildet usw.

Eine Frau könnte zum Beispiel meinen, sie hätte etwas Besseres verdient, als in dieser schäbigen Behausung zu leben, mit dem wenigen Geld auszukommen, das der Partner nach Hause bringt, und die vielen Kinder großzuziehen. Wenn sie mit ihm ausgeht, schämt sie sich wegen seiner schlechten Manieren. Im Grunde findet sie ihn zu grob. Sie hat ihn seinerzeit nur geheiratet, weil er so zuverlässig erschien. Mit einem anderen Mann hätte sie eine rosigere Zukunft gehabt. Sie bedauert es, den Antrag eines früheren Verehrers ausgeschlagen zu haben. Ihr Ehemann meint umgekehrt, er hätte eine jüngere, attraktivere, intelligentere und sexuell aktivere Partnerin verdient als diese Xanthippe daheim, die ihn schon an der Haustür mit Klagen empfängt, wenn er müde von der Arbeit nach Hause kommt. Dabei hat sie so hübsch ausgesehen, als er sie kennen lernte. Wie hat sie sich während der Ehe verändert! Er malt sich aus, wie es wäre, mit der schönen Nachbarin zusammen zu sein, die immer so lieb grüßt und stets adrett angezogen ist.

Beide Partner sind unzufrieden mit ihrer Ehe und schieben die Schuld auf den anderen. Wenn er oder sie bloß anders wäre, dann hätte man es leichter. Und da der andere für die Misere verantwortlich ist, braucht man sich selbst nicht zu ändern. Man findet sich okay und verbringt seine Zeit entweder mit Hadern mit dem Schicksal oder mit Tagträumen. Heimlich schmiedet man Fluchtpläne, wartet nur auf einen günstigen Augenblick – wenn die Kinder groß sind, wenn ein anderer Mann oder eine andere Frau auftaucht ... Aber dieser Augenblick kommt meistens nie. Man wartet und wartet und es ändert sich nichts.

Im anderen Fall glaubt man, schlechter zu sein als der Partner. Eine Frau meint, ihr Mann hätte jemand Besseren verdient. Er ist so toll, so gescheit, so tüchtig. Sie fühlt sich wie ein Aschenputtel, das unverdienterweise von einem Prinzen auserwählt wurde. Wenn sie neben ihm steht, schämt sie sich über ihr schlichtes Aussehen. Sie kommt sich so unscheinbar vor. In diesen Momenten würde sie am liebsten im Erdboden versinken. Sie versucht ihm alle Wünsche an den Augen abzulesen und ihm Tag und Nacht zu Diensten zu stehen, um sich seiner würdig zu erweisen.

Ein Mann fühlt sich ähnlich minderwertig in seiner Ehe. Seine Frau hat sein Werben wider Erwarten erhört, obwohl ihre Familie zu den angesehensten der ganzen Stadt gehört und er aus bescheidenen Verhältnissen stammt. Er hat nicht einmal studiert, während ihre Geschwister alle Doktoren und Professoren sind. Deshalb gibt er alles dran, um beruflich weiterzukommen. In dem Betrieb, in dem er als Lehrling angefangen hat, ist er bis zur obersten Etage aufgestiegen, auch ohne Diplom und Doktortitel. Wenn er könnte, würde er seiner Frau die ganze Welt zu Füßen legen. Trotzdem fühlt er sich ihrer nicht würdig.

Was ist das Gemeinsame an beiden Fällen? Es besteht ein merkwürdiges *Ungleichgewicht in der Wahrnehmung der Partnerschaft*, eine Schieflage zwischen der Liebe, die man für den Partner empfindet, und der Selbstliebe und Selbstachtung, die man sich selbst entgegenbringt. Im ersten Fall lehnt man den Partner innerlich ab und fühlt sich ihm überlegen. Im zweiten Fall himmelt man den Partner an, während man sich selbst verachtet. Man hat das Gefühl, nicht zum Partner zu passen. In beiden Fällen beschäftigt man sich mit Fluchtphantasien, indem man sich entweder einen besseren Partner herbeiträumt oder erwartet, jederzeit vor die Tür gesetzt zu werden, weil man sich für unwürdig hält.

Da es hier um das Verhältnis zwischen Liebe und Selbstliebe geht, handelt es sich wieder um ein narzisstisches Problem: Die Wahrnehmung von sich selbst stimmt nicht mit der Realität überein. Im Fall des überheblichen Partners projiziert dieser seine eigenen negativen Anteile in den Partner und lehnt diesen statt sich selbst ab. Dabei überhöht er sich und sieht sich in einem besseren Licht als seinen Lebensgefährten. Oft befinden sich die Partner in einem sadomasochistischen Clinch, in dem der eine den anderen quält, ohne von ihm lassen zu können. Alle ihre Trennungsträume sind bloße Phantasie. Im Grunde brauchen sie einander, um das Schlechte in den anderen projizieren und bekämpfen zu können. Sie könnten es nicht aushalten, mit sich allein zu sein. Gelegentlich kommt es vor, dass der Partner die ständige Herabsetzung seiner Person nicht mehr aushält und geht. Dann erst merkt der Überhebliche, was er an seinem Partner gehabt hat. Aber dann ist es meistens zu spät.

Im Fall des schambesetzten Partners sieht dieser sich schlechter, als er in Wirklichkeit ist. Er nimmt alle negativen Anteile seines Partners auf sich und projiziert umgekehrt alle positiven Eigenschaften in ihn. Er verachtet und erniedrigt sich vor dem Partner, den er wie einen Halbgott verehrt. (Dieser Vergleich ist nicht zufällig, denn wir finden eine solche übertriebene Demuts- und Bußehaltung oft in christlichen Kreisen. Es ist meist ein Versuch, mit schweren Schuldgefühlen fertig zu werden.) Damit zerstört er auf lange Sicht seine Beziehung, weil Scham und Selbstverachtung jede Beziehung aushöhlen. Der Partner, egal wie dieser ihn anfangs geliebt und geschätzt haben mag, könnte irgendwann die Verachtung, die der Schamvolle ständig sich selbst entgegenbringt, übernehmen und sich fragen, ob er nicht vielleicht doch einen besseren Partner verdient. Man kann sich nicht jahrelang wie ein Butler oder ein Dienstmädchen verhalten, ohne dass der Partner irgendwann beginnt, einen als solchen oder solches zu behandeln. Dann hätte man es tatsächlich geschafft, die eingebildete Ungleichheit in eine tatsächliche zu verwandeln.

> • Alle Partner verdienen einander.
>
> *Jim Simkin*

Jim Simkin war mein Lehrer in Gestalttherapie. Er war ein großer Meister seines Faches, berühmt und angesehen. Seine Frau Anne Simkin war bescheiden und stand in seinem Schatten. Sie tippte ihm die Briefe und bewirtete seine Gäste. Obwohl sie alle bekannten Gestalttherapeuten und -therapeutinnen ihrer Zeit persönlich und in ihrer Arbeit kannte, traute sie sich erst am Ende ihres Lebens, selbst als Gestalttherapeutin und Trainerin aufzutreten. Dieses ungleiche Paar verdiente einander. In ihrer scheinbaren Ungleichheit haben sie sich gegenseitig ergänzt, mal besser, mal schlechter. Jeder konnte sehen, dass sie eine Einheit bildeten.

Wenn jemand zu mir kommt und über seinen Partner klagt, frage ich ihn, ob er so einen »schlimmen« Partner nicht auf irgendeine Weise verdient haben könnte. Wenn jemand zu mir kommt und meint, sein Partner sei so wundervoll und habe so einen schlechten Menschen wie ihn nicht verdient, frage ich ihn ebenfalls, ob sein Partner ihn nicht doch auf irgendeine Weise verdient haben könnte. Was ich mit »einander verdienen« meine, ist: Jede freiwillige Partnerschaft wird aufrechterhalten durch einen Ausgleich im Geben und Nehmen. Jeder der beiden Partner bekommt annähernd so viel, wie er dem anderen gibt. Das hält eine Beziehung in der Balance, das hält die Beziehung aufrecht – egal wie man sich darin fühlt. Es ist fast wie ein physikalisches Gesetz. *Solange eine Beziehung besteht*, nehme ich daher an, *haben beide Partner etwas davon.* Wenn einer sich wirklich benachteiligt oder ausgebeutet fühlt, wird er gehen. Denn dann würde das Geben und Nehmen für ihn nicht mehr stimmen.

Diese zugegebenermaßen nüchtern klingende Feststellung soll die über sich oder den Partner sich beklagende Person anregen, über das, was sie in ihrer Beziehung tatsächlich gibt und bekommt, nachzudenken. Sie soll versuchen, die Beziehung aus der Perspektive des Partners anzuschauen und eine andere Bilanz über die Beziehung zu ziehen, als sie es gewohnt ist. Das Ergebnis eines solchen Nachdenkens könnte darin bestehen, dass man seine Beziehung klarer, nüchterner und ausgewogener bewertet. Auf dem Boden dieser realistischeren Einschätzung kann man die Beziehung dann neu gestalten.

»Es ist schöner, geliebt zu werden, als zu lieben«

Dies ist eine verständliche Vorstellung. Als Kind war es schön, von den Eltern und anderen Bezugspersonen geliebt zu werden. Ihre Liebe war für uns existenziell wichtig, wir waren darauf angewiesen. Wo sie gefehlt hat, leiden wir. Uns fehlt es dann an Geborgenheit, Schutz und Beistand. Uns fehlen die Vorbilder, wir haben niemanden im Rücken, der uns stützt.

Daher ist es für die Entwicklung eines Menschen wichtig, als Kind zuerst geliebt zu werden. Dies bietet eine solide Grundlage fürs weitere Leben. Die Aussage »Es ist schöner, geliebt zu werden, als zu lieben« stammt vor allem von Menschen, denen die Liebe ihrer Eltern und ihrer Umwelt gefehlt hat. Ungeliebte Kinder leiden aber nicht nur unter dem Mangel an Liebe, sondern auch darunter, dass *ihre* Liebe für die Eltern von diesen nicht erwidert wird. Denn Kinder lieben ihre Eltern, unabhängig davon, ob sie zurückgeliebt werden oder nicht.

Ich habe weiter oben von der Spiegelung zwischen Säugling und Mutter gesprochen. Ein ungeliebtes Kind findet seine Liebe für die Eltern nicht gespiegelt, seine Liebe wird nicht angenommen – und das schmerzt. Dieser Schmerz ist ähnlich dem eines unglücklich Verliebten, dessen Liebe von der Angebeteten nicht erwidert wird. Das ungeliebte Kind wird möglicherweise seine Enttäuschung auf seine späteren Liebesbeziehungen übertragen. In diesem Fall stimmt der Satz: »Es ist schöner, geliebt zu werden, als zu lieben.«

Solange wir selbst hungrig sind, brauchen wir selbst etwas. Unser Mangel muss erst behoben werden, unser Hunger nach Liebe muss gesättigt sein – dann erst sind wir wirklich imstande, Liebe zu geben. Dann können wir Liebe auch geben ohne die Forderung, zurückgeliebt zu werden.

Es gibt viele Menschen, die ihren Hunger nach Liebe in andere projizieren, denen es noch schlechter geht. Diesen versuchen sie die Liebe zu geben, die ihnen selbst fehlt. Sie vollführen dabei unbewusst einen Rollentausch: Sie sehen sich selbst in der Rolle der idealisierten »Mutter«, die dem bedürftigen Kind (hier dem armen Menschen) die Liebe und Zuwendung gibt, die ihnen selbst gefehlt haben. Solche »guten« Menschen arbeiten in karitativen Einrichtungen, bekleiden Helferberufe und opfern sich für die Armen und Bedürftigen. Dies ist die positive Seite der Medaille. Die negative ist verdeckter: Ihre Liebe kennt oft keine Grenzen. Sie überschütten die anderen mit ihrer Fürsorge, egal, ob diese es wollen oder nicht, das heißt, sie respektieren deren Grenzen nicht. Sie achten aber auch nicht auf ihre eigenen Grenzen und lassen sich ausnutzen. Sie geben, ohne etwas Gleichwertiges zu nehmen. Dadurch sind sie irgendwann ausgezehrt – weil sie ihre Energie aus der eigenen Substanz bezogen haben. Außerdem besteht die Gefahr, dass sie unbewusst von denen, denen sie geholfen haben, Liebe, Dankbarkeit und Anerkennung zurückerwarten. Oder sie erzeugen Schuldgefühle in ihnen, da sie ihnen alles geben und nichts zurückverlangen.

Dies soll nicht als Kritik an all jenen missverstanden werden, die aus vollem Herzen geben. Die Quelle für ihre Liebe entspringt meist ihrem tiefen Glauben und ihrer Menschenliebe. Diese Menschen geben, weil ihr Herz überfließt, nicht weil ihnen Liebe fehlt. Dafür müssen sie selbst in ihrer Kindheit genug an Liebe bekommen haben. Wenn wir Liebe erfahren haben, dann fließt sie wie von selbst aus uns, wir können selbst Liebe geben. Liebe fühlt sich dann an wie ein Fluss, der durch uns hindurchfließt. Wir empfangen sie und geben sie wie selbstverständlich weiter. Liebe ist nichts, was wir horten oder anstauen können. Sie will weiterfließen, sie will weitergegeben werden.

Das ist der Unterschied zwischen einer egoistischen und einer selbstlosen Liebe. Wenn wir aus vollem Herzen lieben (das kennen wir am besten in unserer Beziehung zu Kindern), dann sind wir der geliebten Person zugeneigt, ohne von ihr zu verlangen, dass sie uns zurückliebt. Die selbstlose Liebe kann es annehmen, von der anderen Person nicht in dem Maße geliebt zu werden, wie man selbst liebt. Sie kann die geliebte Person so lassen, wie sie ist, ohne sie verändern zu wollen. Wir lieben sie ohne Wenn und Aber. Ihr Wohlergehen ist uns wichtiger als unsere eigene Wunscherfüllung.

> • Liebe ist das Einzige, was nicht weniger wird, wenn wir es verschwenden.
>
> Ricarda Huch

Wenn wir in diesem Sinne lieben, dann spüren wir in uns selbst, wie wir daran wachsen. Dann lieben wir auf eine nicht egoistische, nicht narzisstische Weise. Dann schließt sich unser Herz, um es symbolisch auszudrücken, tatsächlich an eine größere, tiefere Quelle an. Wir spüren eine liebende Kraft durch uns fließen, die wir weitergeben, ohne sie festhalten zu wollen und zu müssen.

»Liebe muss man erspüren – nicht erklären«

Eine Lebenslüge ist nicht nur, wenn wir etwas Schlimmes ausblenden. Eine Lebenslüge kann auch darin bestehen, dass wir etwas Schönes unterdrücken. Das macht die tragische Seite von Lebenslügen aus: Wir empfinden zum Beispiel Liebe und Zuneigung für jemanden und wagen es nicht sie zu zeigen, aus Angst, zudringlich zu sein, aus der Befürchtung, auf Ablehnung zu stoßen, oder weil wir uns nicht der Lächerlichkeit preisgeben möchten. Diesen Fehler begehen meist scheue, schüchterne und rücksichtsvolle Menschen, die ein Gespür fürs Feine und Zarte haben. Ihre Liebe und Zuneigung empfinden sie als etwas Zerbrechliches, sie gehen vorsichtig damit um, damit es nicht kaputtgeht. Sie pflegen sie, wenn sie allein für sich sind. Sie können aus ihren Gefühlen wunderschöne Kunstwerke schaffen – Blumen, Musik, Bilder –, sie können sie über Farben, Düfte und Klänge ausdrücken, die jeden Betrachter und Zuhörer verzaubern. Das sind ihre Liebeserklärungen. Aber sie haben für ihre Liebe keine Worte – wie die *kleine Meerjungfrau* aus Andersens Märchen:

Sie liebte einen Prinzen, den sie einmal vorm Ertrinken gerettet hatte. In ihrer Sehnsucht nach seiner Liebe ließ sie sich ihren Fischschwanz in Menschenbeine verwandeln, musste dafür aber ihre wunderschöne Stimme hergeben. Nun war sie stumm. Sie ging ans Land, fand den Prinzen, der sie liebte wie eine Schwester. Aber er wollte nur jene heiraten, die ihn einst gerettet hatte. Sie konnte ihm aber nicht sagen, dass sie es gewesen war. Sie konnte es nur über ihre Grazie und Schönheit ausdrücken – aber diese Mittel waren zu schwach, er verstand sie nicht. Dann lernte er eine andere kennen, dachte irrtümlich, diese sei seine einstige Retterin, und beschloss sie zu heiraten. Wieder konnte die Meerjungfrau ihn nicht über seinen Irrtum aufklären. Sie war es doch, die ihn gerettet hatte. Sie war es doch, die ihn über alles liebte. Am Abend vor seiner Hochzeit brachten ihr ihre Schwestern ein Messer – sie könne seine unsterbliche Seele doch gewinnen, wenn sie ihn töte. Denn das war die zweite Möglichkeit, als Meerjungfrau zu einer unsterblichen Seele zu gelangen – die erste wäre die Liebe eines Menschen gewesen. Sie brachte es nicht übers Herz, da sie ihn zu sehr liebte. Mit der Morgenröte löste sie sich auf, wurde zu Meerschaum.

Die kleine Meerjungfrau ist ein schönes Symbol für das Unvermögen, die eigene Liebe auszudrücken. Sie war zu zart, um ihre Leidenschaft zu leben; zu still, um ihre Liebe zu erklären; zu wenig aggressiv, um sich gegen die Rivalin zu behaupten und den ihr gebührenden Platz zu erobern. Sie ertrug ihre Schmerzen zu geduldig – bei jedem Schritt schnitt es ihr wie tausend Messer in die Füße; sie klagte und beklagte sich zu wenig, um die Aufmerksamkeit des Prinzen eindringlich auf sich zu lenken. Somit musste sie stumm leidend mit ansehen, wie ihr Liebster sich mit einer anderen verband.

Am Ende blickte der Prinz traurig auf den Meeresschaum, nachdem er sie nirgends auf dem Schiff fand. Er ahnte, was mit ihr geschehen war. Wer weiß, ob er ihre Liebe erwidert hätte, wenn sie sich ihm erklärt hätte. Wer weiß, wie lange ihre Beziehung gehalten hätte. So aber hatte sie sich und ihm keine Chance gegeben.

»Eine Liebe muss ewig währen«

Manchmal haben wir das Glück, eine Liebe zu finden, die erwidert wird. Dann haben wir einen großen Schatz gefunden. Wir gewöhnen uns aber leicht an das Schöne. Was gestern noch wie ein Wunder erschien, betrachten wir heute schon als etwas Selbstverständliches, morgen lassen wir uns vielleicht von etwas anderem faszinieren.

Eine große Liebe ist wie eine kostbare Pflanze, die gepflegt werden muss. Dann wächst sie und gedeiht. Betrachtet man sie aber als etwas Selbstverständliches, dann kann sie im Trubel des Alltags verwelken, ohne dass man es merkt. Liebe gibt uns zwar viel Kraft, gerade die frische, unverbrauchte Liebe verleiht uns Flügel. Wenn wir uns aber zu sehr daran gewöhnen, dann beginnen wir unbemerkt, mehr aus der Liebe zu ziehen, als wir ihr zurückgeben. Wir verlassen uns zu sehr auf ihre Kraft, bis wir irgendwann merken: Sie hat sich erschöpft. Wir haben zu sehr aus ihr geschöpft, ohne sie zu füllen.

In einer langen Beziehung verändert sich die Liebe mit der Zeit. Was kann sich alles ändern im Laufe der Jahre? Die erste große Veränderung findet statt, wenn man irgendwann aus der rosaroten Wolke fällt, die das Paar am

Anfang getragen hat. Die erste Verliebtheit bezieht ihre Kraft aus dem Abenteuer, einen völlig unbekannten Menschen wie einen fremden Kontinent zu entdecken. In dieser ersten Phase einer Liebesbeziehung stehen die Partner einander gegenüber – von Angesicht zu Angesicht. Sie schauen sich in die Augen und entdecken entzückt das Wunder im anderen.

Irgendwann ist der Kontinent durchschritten, man richtet sich langsam ein. Dies ist die Phase des Aufbaus: Man zieht zusammen, baut ein Haus, bekommt ein Kind. Diese gemeinsamen Projekte geben dem Paar auch viel Kraft. In dieser zweiten Phase wendet man sich einem Dritten zu: der gemeinsamen Wohnung, dem Kind. Man arbeitet Seite an Seite, aber man schaut sich nicht mehr so oft in die Augen. Man begegnet sich seltener. Dies kann eine ganze Zeit lang gut gehen, solange das Dritte Aufmerksamkeit und Energie fordert. Jedoch kann man so mit diesem Dritten beschäftigt sein, dass man nicht merkt, dass man langsam auseinander driftet. Aus dem Nebeneinander wird unmerklich ein Weg-Voneinander, bis man eines Tages merkt, dass man einander nichts mehr zu sagen hat – was ja im Grunde nicht stimmt: Man hat nur aufgehört, in die Beziehung Energie zu investieren, sich für das Befinden des anderen zu interessieren, mit ihm alte Erinnerungen auszutauschen und neue Entdeckungen zu machen.

> • Wenn die Liebe aufhört zu wachsen, beginnt sie zu sterben.
>
> Hans-Hasso von Veltheim-Ostrau

Dies ist ein Phänomen des Alterns. Wir kennen es auch von unseren körperlichen und geistigen Veränderungen im Älterwerden. Spätestens ab 40 spüren wir, dass wir etwas tun müssen, damit wir bei Kräften bleiben, der Körper funktioniert nicht mehr so selbstverständlich wie in der Jugend. Auch der Geist will in Schuss gehalten werden. Wer rastet, der rostet. Jedoch meinen viele, eine Liebesbeziehung würde ewig weiterbestehen, ohne dass man etwas dafür tun müsse.

Der Bruch kann dann ganz plötzlich kommen. Durch den Auszug der Kinder, die Pensionierung, durch eine nette Urlaubsbekanntschaft oder einen kleinen Streit kann sich völlig unerwartet eine Kluft zwischen den Partnern auftun, die nicht mehr so leicht wie bisher zu überbrücken ist. Dann steht auf einmal die Frage der Trennung im Raum. Manche machen sich nicht einmal die Mühe, um die Beziehung zu kämpfen. Sie meinen, es sei leichter, einen frischen Anfang mit einem neuen Partner zu wagen. Mit dem Partnerwechsel versuchen sie eine Konfrontation mit den eigenen Problemen zu vermeiden. Dies könnte sich langfristig als Illusion entpuppen – irgendwann werden dieselben Probleme in der neuen Beziehung auftauchen. Andere merken, dass sie schon längst den Kampf um die Beziehung aufgegeben und resigniert haben. Das Feuer ist ausgebrannt, sie wollen nicht mehr. Einige nehmen aber den unterbrochenen Faden wieder auf und setzen sich noch einmal mit dem Partner auseinander. Was ist in der Zwischenzeit geschehen? Was hat sie auseinander gebracht? Was ist aus den alten Gemeinsamkeiten geworden? Können sie neue entdecken? In welche Richtung hat sich der Partner entwickelt, wohin geht die eigene Reise? Kann man den Weg ein Stück gemeinsam weitergehen?

Im Alter geht es nicht mehr um Familien- oder Existenzgründung. Diese Phase hat man hinter sich. Mit dem

Näherrücken des Todes geht es verstärkt um Sinnsuche und Sinnfindung. Es geht um die Frage, wie man im Alter leben möchte. Es geht um Abschließen und Neubeginn. Eigentlich ist diese Zeit mindestens so aufregend wie zu Beginn einer Beziehung. Man muss nur die Chance einer Altersbeziehung erkennen und nicht leichtfertig die Schätze, die in einer langen Beziehung verborgen liegen, achtlos übersehen und wegwerfen.

Familiengeheimnisse und Familientabus

Die Familie als Schnittpunkt zwischen Individuum und Gesellschaft

Wahrheit und Lüge haben in der Familie ein besonderes Gewicht. Familiengeheimnisse sind nie etwas ausschließlich Privates, sie haben immer etwas mit der betreffenden Gesellschaft zu tun. Denn die Familie bildet den Schnittpunkt zwischen Individuum und Gesellschaft. Die Gesellschaft übt einerseits ihren Einfluss auf das Individuum am stärksten durch die Familie aus: In der Familie verinnerlicht der Einzelne die Normen und Werte seiner sozialen Umwelt. Alles, was ein Kind hier lernt oder nicht lernt, wird es später als Erwachsener auf seine sozialen Beziehungen übertragen – daher ist die Familie die Keimzelle der Gesellschaft. Gleichzeitig bietet die Familie dem Kind die Heimatbasis, von wo aus es sich zu seinem wahren Selbst entwickeln kann. Damit schützt sie das Individuum auch ein Stück weit vor der Umwelt und schirmt es davor ab. Hier findet das Individuum Sicherheit und Geborgenheit, Liebe, Vertrauen und Treue.

Die Familie erfüllt demnach eine doppelte Funktion. Sie bildet im Sozialisationsprozess einen einzigartigen Raum, in dem das Kind sein eigenes *Ich* entdeckt und sich gleichzeitig zum *sozialen Wesen* entwickelt. Sie ist ein Ort, der einerseits unter starker *sozialer Kontrolle* steht, in dem das Individuum aber andererseits den *Schutz seiner Privatsphäre* genießt. In diesem Prozess treten immer wieder Spannungen zwischen den persönlichen Interessen des Einzelnen und den Anforderungen seiner Umwelt auf.

Diese Spannung zwischen dem Ich und der Gesellschaft ist nicht aufhebbar. *Die Familie hat die Funktion, dieses empfindliche Gleichgewicht auszugleichen.* Da, wo sich die Waagschale zu sehr zugunsten des Individuums und zum Schutz seiner Privatsphäre neigt, droht Chaos: Die mächtigeren Familienmitglieder haben die Möglichkeit – von der Öffentlichkeit weitgehend unkontrolliert –, die Schwächeren zu unterdrücken und auszubeuten. Es entstehen persönliche oder mafiose Formen der Gewalt und des Machtmissbrauchs. Solche Missstände lassen den Ruf nach Recht und Ordnung lauter werden. Überwiegt dagegen die soziale und staatliche Kontrolle, dann kann die individuelle Freiheit beschnitten werden. Es droht staatliche Willkür und öffentlicher Machtmissbrauch. Die Menschen »tauchen dann ab« in den Untergrund, sie rebellieren, sabotieren oder greifen zum Mittel des Terrors als Gegenmacht.

Lügen entstehen in der Spannung zwischen individuellen und sozialen Interessen

Für ein gesundes soziales System, in dem die Interessen des Einzelnen und die der Gesellschaft ausgeglichen sind, ist Wahrhaftigkeit der normale Zustand. Wahrhaftigkeit fördert den Zusammenhalt und das Zugehörigkeitsgefühl in der Gemeinschaft, gleichzeitig stärkt sie den Einzelnen auf seinem persönlichen Lebensweg. Wenn aber die Interessen des Individuums und der Gesellschaft einander unversöhnlich gegenüberstehen, kann die eine oder die andere Seite in Versuchung kommen, einer Konfrontation durch Lügen und Täuschen auszuweichen. Im Falle einer öffentlichen Verfolgung durch ein Unrechtregime etwa können Lügen und Täuschungen wichtig für den Schutz der Privatpersonen sein. Umgekehrt bedienen sich politische Systeme nicht selten der Lügen und Halbwahrheiten, um ihre Interessen durchzusetzen.

Wo Wahrhaftigkeit, Offenheit und Ehrlichkeit gefahrlos möglich sind, herrscht ein entspanntes Verhältnis zwischen Individuum und Gesellschaft. Wo Lügen und Halbwahrheiten überhand nehmen, können wir auf einen ernsthaften Konflikt zwischen beiden schließen. *Lügen und Täuschungen sind somit Zeichen für ein gespanntes Verhältnis zwischen Individuum und Gesellschaft.*

Die Familie steht dazwischen und spielt die Rolle eines Vermittlers. Wo Liebe, Vertrauen und Treue in der Familie herrschen, gewinnt nicht nur das Individuum an Kraft, auch die Gesellschaft wird gestärkt. Wo Familien auseinander brechen oder gar nicht erst entstehen (was heute leicht an der Scheidungsrate und der Zahl der Single-Haushalte festzustellen ist), bröckelt auch die gesellschaftliche Solidarität.

> • Wenn die Familie in Ordnung ist, wird der Staat in Ordnung sein; wenn der Staat in Ordnung ist, wird die Menschheit in Frieden leben.
>
> Konfuzius

Wahrhaftigkeit stellt jedoch hohe Anforderungen an das Individuum wie an die Gesellschaft: Der Einzelne muss Mut, Zivilcourage und Selbstvertrauen aufbringen, um gegen soziale Unwahrheiten und Ungerechtigkeiten aufzustehen. Umgekehrt muss die Gesellschaft dem Einzelnen Grenzen setzen, ihm aber gleichzeitig Toleranz, Fairness und Respekt entgegenbringen. Wahrhaftigkeit verlangt von beiden Seiten die Fähigkeit zum Zuhören und Dialog, zur Kritik und Selbstkritik.

Darum können wir sagen: Wenn sich Lebenslügen in einer Familie ausbreiten, haben alle – Gesellschaft, Familie und die Einzelnen – versagt. Sie haben sich nicht auf eine gemeinsame Lösung einigen können.

Nehmen wir das Beispiel einer außerehelichen Schwangerschaft, an dem wir erkennen können, welch starken Einfluss die gesellschaftliche Moral auf das Leben und Schicksal von Einzelnen und Familien haben kann: Vor nicht allzu langer Zeit galt eine solche Schwangerschaft als Verstoß gegen die gesellschaftliche und kirchliche Ordnung. Von der Familie wurde sie als Familienschande angesehen. Die schwangere Frau (nicht aber ihr Liebespartner) wurde entweder öffentlich verstoßen oder verschämt hinter Klostermauern versteckt. Nicht selten wurde sie in den Selbstmord (und den Kindsmord) getrieben. Die Normen der Gesellschaft und das reale Liebesleben vieler ihrer Mitglieder klafften weit auseinander. Damit wurden Doppelmoral und Scheinheiligkeit gefördert. Dass dies heute anders geworden ist, verdanken wir dem Mut vieler Frauen, der Entwicklung moderner Verhütungsmethoden und dem gesellschaftlichen Wandel.

Wenn wir Familiengeheimnisse und -tabus unter diesem Gesichtspunkt untersuchen, finden wir viele Hinweise auf einen gesellschaftlichen Zusammenhang. Die Wahrheit wird beispielsweise innerhalb der Familie verschleiert,

- wenn Menschen aus dem gesellschaftlichen Normbereich herausfallen und sozial ausgegrenzt werden. Sie schämen sich beispielsweise ihrer Arbeitslosigkeit, Armut, Behinderung, ihrer Homosexualität, ihres Ausländerstatus und verheimlichen dies voreinander;
- wenn Verstöße gegen gesellschaftliche Normen und Moralvorstellungen vorliegen (zum Beispiel bei Seitensprüngen, Inzest, Kriminalität). Hier wird der Verstoß innerhalb der Familie und gegenüber der Außenwelt verheimlicht.

Was sind nun die häufigsten Lügen und Geheimnisse in der Familie?

Interessanterweise finden wir die meisten Familiengeheimnisse und -tabus in der Entstehungsphase der Familie: Da geht es erstens um die Frage, *wie die Eltern als Paar zusammengekommen sind*, und zweitens, *wie die Kinder entstanden sind*. Um diese beiden Fragen winden sich die meisten Mythen und Halbwahrheiten.

Familienmythen um die Frage, wie sich die Eltern kennen gelernt haben

Wenn man Menschen fragt, wie ihre Eltern zusammengekommen sind, erhält man Antworten wie diese:

- »Meine Eltern haben sich auf einer Party kennen gelernt.«
- »Meine Eltern haben sich durch eine Anzeige kennen gelernt.«
- »Meine Eltern haben sich im Krieg kennen gelernt und schnell geheiratet.«
- »Mein Vater war Flüchtling und kam zufällig ins Dorf meiner Mutter. Dort ist er ins Geschäft meines Opas eingestiegen.«

Wenn man das hört, klingt das alles erst einmal ziemlich unauffällig. Nur: Wenn Menschen zu mir kommen, aus deren Erzählung ich vermuten muss, zwischen den Eltern stimmt etwas nicht, dann kommen mir solche Antworten zu nichts sagend vor. Wenn wir gemeinsam weiter nachforschen, kommen manchmal ganz andere Geschichten zum Vorschein. Das, was in diesen Geschichten *ausgelassen* wurde, ist das eigentlich Interessante:

So wurde im ersten Beispiel ausgelassen, dass der Vater eigentlich in ein anderes Mädchen verliebt war. Da dieses ihm aber die kalte Schulter gezeigt hatte, nahm er mit der Mutter vorlieb. Sie kamen sich auf der besagten Party näher. Die Mutter war selig, sie hatte den Vater schon immer heimlich angehimmelt. Später in der Ehe bildete sich eine Kluft zwischen dem Paar. Der Vater mied jeden näheren Kontakt mit seiner Frau und vergrub sich in seine Arbeit.

Die Mutter zog sich enttäuscht zurück und wurde depressiv. Die Kinder hingen dazwischen und hatten nie einen richtigen Bezug zu den Eltern.

Bei dem Paar, das sich per Anzeige kennen gelernt hat, war die Frau gar nicht so sehr an einer Ehe interessiert. Eigentlich wollte sie ins Kloster gehen – Männer waren ihr ein Gräuel. Sie war als junges Mädchen von Männern aus ihrer Verwandtschaft sexuell belästigt worden. Ihr Geheimnis behielt sie jedoch für sich, weil sie sich schämte: Sie hatte das Gefühl, selbst schuld zu sein, dass die Männer ihr nachstellten; sie bezichtigte sich der Unkeuschheit und fühlte sich beschmutzt. Zur Buße wollte sie ins Kloster. Aber ihre Familie ließ es nicht zu. Sie war die älteste von vier Töchtern, der Familientradition gemäß durften die jüngeren erst heiraten, wenn die älteste unter die Haube gekommen war. Ihre Mutter nahm schließlich die Sache in die Hand und setzte eine Anzeige ins katholische Wochenblatt. Da meldete sich ein junger Mann, der ernst und schüchtern wirkte. Er war dankbar, auf diesem Wege eine fromme, häusliche Frau zu finden. Er erzählte, sein Vater sei früh verstorben, er führe mit seiner Mutter den elterlichen Bauernhof und habe keine Zeit, sich nach einer Partnerin umzuschauen. Die junge Frau war dankbar, dass er so anständig und zurückhaltend war. Da brauchte sie nicht zu befürchten, dass er etwas von ihr wollte. Sie zeugten mehrere Kinder, hielten jedoch einen respektvollen Abstand zueinander. Entscheidend waren für beide Pflichterfüllung und Arbeit.

Die Kinder wuchsen unauffällig heran. Der Sohn bekam jedoch irgendwann Probleme mit Frauen. Er wusste nicht, wie er sich ihnen nähern sollte. Er hatte Angst, sie zu belästigen oder das Falsche zu tun. Aus irgendeinem für ihn unverständlichen Grund hatte er stets das Gefühl, er müsse sich bei Frauen entschuldigen – die Schüchternheit des Vaters und die Angst der Mutter vor Sexualität hatten sich auf ihn übertragen.

Bei den Eltern, die sich im Krieg kennen gelernt haben, hat die Mutter ihren Kindern verschwiegen, dass sie vorher mit einem anderen Mann verlobt war. Sie wollten heiraten, sobald der Krieg vorbei war. Ihr Verlobter aber fiel. Sie war untröstlich. Um sich aufzuheitern, ließ sie sich von einer Freundin überreden, mit auf ein Fest zu gehen. Dort lernte sie einen Soldaten kennen, der auf Heimaturlaub war. Er war ihr gleich sympathisch, weil er einen so fröhlichen Eindruck machte. Sie vergaß für kurze Zeit ihren Kummer. Umgekehrt gefiel ihm ihr Ernst, er machte ihr noch am selben Abend einen Heiratsantrag. Sie wollte nicht noch einmal einen Verlobten verlieren und willigte ein, ohne groß darüber nachzudenken. Er überlebte den Krieg. Aber zwischen ihnen klappte es nie mehr wie an jenem Abend. Die Frau war innerlich ihrem ersten Verlobten treu geblieben. Neben ihm hatte kein anderer Mann Platz in ihrem Herzen. Ihr Mann bemühte sich eine Zeit lang vergeblich um sie, dann wandte er sich anderen Frauen zu, was sie nicht allzu sehr störte, solange er es diskret tat.

Ihre Tochter hatte später die Tendenz, für großartige Männer zu schwärmen, die jedoch für sie unerreichbar blieben – ohne dass sie es wusste, eiferte sie in gewisser Weise ihrer Mutter nach.

Bei dem Paar, bei dem der Vater Flüchtling war, verhielt es sich so, dass er mit seiner Familie im Dorf der Mutter einquartiert worden war. Dort schauten die Einheimischen auf die Flüchtlinge herab, sie waren lästige Eindringlinge. Der junge Mann war strebsam und tüchtig und fand gleich Arbeit in einem angesehenen Handwerksbetrieb am Ort. Da sein Meister keinen männlichen Erben hatte und seine einzige Tochter im heiratsfähigen Alter war, erkor er den fleißigen Gesellen kurzerhand zum Schwiegersohn – Männer waren damals rar. Die Tochter willigte ein, fühlte sich aber zeitlebens ihrem Mann überlegen und ließ ihn stets spüren, dass er in ihren Augen ein heimatloser Zugezogener war.

Ihr Sohn zog gleich weit weg, kaum dass er erwachsen war. Er fühlte sich nirgendwo richtig zu Hause. In seinen Beziehungen war er oft so jähzornig, dass seine Partnerinnen ihn nach kurzer Zeit verließen. In der Therapie kam er dahinter, dass er sich unbewusst mit seinem Vater identifizierte und sich ähnlich heimatlos fühlte. Die mütterlichen Demütigungen, die sein Vater wortlos ertrug, machten ihn innerlich rasend – daher die Wutausbrüche in seinen Beziehungen.

In diesen Beispielen erscheint die Elternbeziehung auf den ersten Blick in Ordnung, das Verhältnis der Eltern zu den Kindern scheint auch unproblematisch zu sein. Daher ist es zunächst unverständlich, weshalb die erwachsen gewordenen Kinder solche Schwierigkeiten in ihren Beziehungen haben. Beim genaueren Hinschauen entdeckt man, dass die Eltern ihren Kindern das Wesentliche aus ihrer Partnerschaft verschwiegen haben, nämlich die Konflikte, die sie miteinander hatten – aus Scham, Schuldgefühlen oder Sprachlosigkeit. Sie haben vielleicht gedacht, dass ihre Probleme ihre Privatsache seien, die die Kinder nichts angingen.

Die Bedeutung der elterlichen Beziehung für die Kinder

Warum ist die elterliche Beziehung so wichtig für die Kinder? Ich bin im Buch *Liebe, Treue und Verrat*[15] ausführlich darauf eingegangen. Hier sind die wichtigsten Gründe zusammengefasst:

- Die Liebesbeziehung der Eltern ist die Grundlage für den Zusammenhalt in der Familie. Wenn die Kinder spüren, dass sich die Eltern lieben und achten, dann fühlen sie sich sicher und geborgen.
- Die Erfahrung, dass sich die Eltern lieben, stärkt die geschlechtliche Identität der Kinder. In der Liebesbeziehung der Eltern finden sie ein Vorbild für ihre spätere Partnerschaft.
- Wenn die Eltern wegen eines Kindes heiraten mussten, ohne sich zu lieben, fühlt sich das Kind schuldig fürs Unglücklichsein der Eltern.
- Wenn die Eltern miteinander im Streit stehen, fühlt sich das Kind hin- und hergerissen. Es wird in Loyalitätskonflikte gestürzt und muss zwischen den zerstrittenen Eltern vermitteln.
- Wenn sich ein Elternteil innerlich oder äußerlich entzieht, bindet der verbliebene Elternteil das Kind oft an sich. Es wird zum Partnerersatz und steht in Gefahr, emotional und/oder sexuell missbraucht zu werden.
- Wenn die Eltern sich nicht lieben, fällt die Familie leicht auseinander. Das Kind muss die Familie zusammenhalten, weil es beide Eltern braucht.

In jeder Beziehung gibt es Probleme. Es geht nicht darum, dass Eltern alle ihre Probleme lösen müssen, damit ihre Kinder unbelastet sind. Das wäre unrealistisch. Wichtig ist nur, dass sie sich und ihrem Partner gegenüber ehrlich sind, *dass* sie Probleme haben. Wenn eine Frau zum Beispiel nicht einmal sich selbst gegenüber eingestehen kann, dass sie sich eigentlich an ihren verstorbenen Verlobten gebunden fühlt, dann kann sie das, was sie emotional von ihrem Mann trennt, nicht verstehen, geschweige denn ansprechen. Ihre Kinder werden das Gefühl nicht los, dass irgendetwas zwischen den Eltern nicht in Ordnung ist, aber sie wissen nicht, was.

Es ist diese Ungewissheit, die die Sache für die Kinder so belastend macht. Wenn sie von den Eltern hören, dass diese miteinander einen Konflikt haben und dass sie sich bemühen, ihn beizulegen, dann sind sie beruhigt und gehen spielen. Beunruhigt reagieren sie erst, wenn sie die Spannung in der Luft spüren und keiner sagt, was los ist. Dann beginnen sie sich Sorgen um die Eltern zu machen. *Durch das Verschweigen oder Herunterspielen von Konflikten zieht man Kinder erst recht in die Probleme hinein.* Kinder sind wie Seismographen, wenn es um das Befinden ihrer Eltern geht. Sie registrieren die geringsten Erschütterungen und reagieren dann mit Alpträumen, Ängsten und Krankheiten. Wenn man sie – altersgemäß – über die Ursache der familiären Störung aufklärt, sind sie erleichtert und gehen ihrer Wege.

Dabei ist es wichtig, Kinder nicht in die Partnerschaftskonflikte zu verwickeln. Eltern dürfen ihre Kinder nicht zu Vertrauten oder Verbündeten machen. Kinder sind auch keine Vermittler, Boten, Richter, Ankläger oder Verteidiger ihrer Eltern. Dafür hat man Freunde, Therapeuten und Rechtsanwälte. Wenn Eltern ihre Kinder in ihre erwachsenen Konflikte hineinziehen, verlieren diese ihr Kindsein. Sie werden übervernünftig, bisweilen überheblich und herablassend ihren Eltern gegenüber. Vor allem werden sie in tiefe Loyalitätskonflikte gestürzt, wenn Mutter und Vater sie jeweils auf ihre Seite ziehen wollen.

Wenn Eltern ehrlich sind und dazu stehen, dass sie Eheprobleme haben, bedeutet das zwar nicht automatisch, dass die Kinder später nicht ähnliche Probleme haben könnten. Es kann durchaus sein, dass sich einiges von dem, was die Eltern bewegt hat, im Leben der Kinder wiederholt. Aber dann wissen Letztere wenigstens, woher diese Schwierigkeiten kommen. Sie müssen die »Schuld« dafür nicht bei sich suchen. Sie können sich sagen: »Aha, dieses Problem haben auch meine Eltern gehabt. Nun gut, mal sehen, ob ich es besser lösen kann, als sie es geschafft haben!«

Wenn Kinder über ihre wahre Herkunft getäuscht werden

Eine Klientin berichtet: »Meine Mutter ist unehelich geboren und wusste lange nichts davon. Ihre Mutter brachte sie zur Welt und gab sie gleich an ihre Eltern. Sie selbst ging weit fort und besuchte das Kind nur gelegentlich. Bei diesen Gelegenheiten wurde sie als die ›Tante‹ meiner Mutter vorgestellt. Meine Mutter glaubte bis zu ihrem sechsten Lebensjahr, ihre Großeltern seien ihre Eltern und ihre leibliche Mutter sei ihre ältere Schwester. Es war für sie ein Schock, als sie darüber aufgeklärt wurde.«

Dieses Beispiel habe ich schon an früherer Stelle erwähnt. Nun wollen wir uns die Geschichte genauer anschauen: Warum wurde das Mädchen überhaupt über seine wahre Herkunft aufgeklärt? Konnte es nicht einfach bei seinen Großeltern bleiben? Der Grund war folgender: Als das Mädchen sechs Jahre alt wurde, heiratete seine leibliche Mutter und bekam ihr zweites Kind. Die Großmutter meinte, nun sei sie in guten Händen und könne endlich ihre Tochter zu sich nehmen. Diese käme jetzt auch in die Schule, da könnte sich ihre Mutter darum kümmern – für sie, die Großmutter, sei die Betreuung eines Schulkindes zu anstrengend.

Für das Mädchen ist dies ein mehrfacher Schock: Es wird von heute auf morgen in eine ganz fremde Familie gesteckt. Seine bisherige Tante soll nun seine Mutter sein. Deren Mann, für das Kind ein völlig Fremder, ist auf einmal sein Stiefvater. Dessen Namen muss es ab sofort als Familiennamen tragen. Es bekommt plötzlich eine kleine Schwester. Außerdem muss es in einer völlig neuen Umgebung in die Schule gehen. Seine bisherigen »Eltern« sind auf einmal verschwunden, ebenso alle Freundinnen und Freunde aus dem Kindergarten.

Das Mädchen erholt sich nie mehr von diesem Schock. Es bleibt ein Fremdkörper in der neuen Familie. Es fühlt sich von allen verraten und verkauft. Alle hatten ihm eine Lüge präsentiert. *Alle wussten Bescheid, alle außer ihm.* Nun sagen sie ihm auch noch, es solle doch dankbar sein, dass sein Stiefvater es adoptiert hat und dass es nun endlich ein richtiges Zuhause habe.

Das Mädchen wächst verwirrt und vereinzelt auf. Keiner in der neuen Familie kümmert sich wirklich um es. Die Mutter bleibt ihm fremd, der Stiefvater ist wohlwollend, aber distanziert. Am meisten freut sich das Mädchen über die kleine Schwester, die es wie seinen Augapfel hütet. Tief in ihm bewegt es die Frage, wer sein richtiger Vater ist. Wenn es allein ist, träumt es von diesem unsichtbaren Vater und malt sich aus, wie es wäre, wenn er irgendwann unerwartet vor der Tür stünde. Dann würde es ihn an die Hand nehmen und mit ihm für immer weggehen.

Erwachsen geworden, geht die Frau nie eine richtige Beziehung ein, sie kann niemandem mehr trauen.

Erzählt hat diese Geschichte die Tochter dieser Frau, ebenfalls unehelich geboren. Aber sie weiß wenigstens, wer ihr Vater ist. Ihre Mutter hat ihr immer reinen Wein eingeschenkt – vielleicht sogar etwas zu viel. Sie fühlt sich mehr wie eine enge Vertraute ihrer Mutter als ihre Tochter und hat große Probleme, sich von dieser zu lösen. Deshalb ist sie in die Therapie gekommen.

Warum ist es so wichtig zu wissen, wer unsere Eltern sind?

Es gehört zu den schwersten seelischen Traumata, wenn Kinder über ihre wahre Herkunft getäuscht werden. Es ist ein Grundrecht jedes Kindes, zu wissen, woher es kommt. Das Wissen, wer unsere Eltern sind, bildet die Grundlage unserer Identität. Die Frage nach der eigenen Identität – »Wer bin ich?« – findet ihre erste Antwort in der Beantwortung der Frage: »Wer sind meine Eltern? Wo komme ich her?« Denn die Eltern verbinden uns mit der Generationsfolge. Wenn ich weiß, wer meine Eltern sind, weiß ich, dass ich Vorfahren habe. In mir trage ich sämtliche genetische Informationen und Erfahrungsschätze, die sie weitergegeben haben. Wieso ich so aussehe, weshalb ich mich so fühle und so handle – das hat, bei aller individueller Ausprägung, seinen Ursprung in meinen Vorfahren. Mit meinem Familiennamen wird meine Herkunft dokumentiert. In den skandinavischen Ländern besteht der Familienname aus dem Vornamen des Vaters, verbunden mit der Nachsilbe für »-Sohn« oder »-Tochter« (zum Beispiel »Petterson«). Selbst wenn darin die männliche Nachfolge überbetont wird, zeigt es doch, wie wichtig die elterliche Herkunft für unser Identitätsgefühl ist.

Selbst wenn wir wissen, dass wir aus einer schwierigen Familie stammen – Kinder von Verbrechern oder Alkoholikern haben es zum Beispiel wirklich nicht leicht –, wir sind uns dann sicher, woher wir kommen. Wenn man einem Kind jedoch seine wahre Herkunft verschweigt, weil sie angeblich zu schrecklich sei, und ihm eine falsche Identität gibt, weil diese ihm besseres gesellschaftliches Ansehen verleiht, stürzt man es in eine ähnliche Verzweiflung wie »das hässliche Entlein« in Andersens Märchen. Das Entlein hatte das Gefühl, nirgendwo dazuzugehören und irrte von Ort zu Ort auf der Suche nach seiner Identität.

Das Recht des unehelich geborenen Kindes auf seine Identität steht im oben beschriebenen Beispiel der Scham der leiblichen Mutter (und der Familie) gegenüber. Sie wollten der gesellschaftlichen Ächtung entgehen und gaben das Kind, vielleicht auch in der guten Absicht, es vor der Wahrheit zu verschonen, als Kind seiner Großeltern aus. Es ist gewiss schwer für die Mutter und ihre Familie, die Familienschande zu tragen, schwerer wiegt jedoch der Schaden, den das Kind durch die Täuschung erleidet. Das Kind ist das schwächste Glied in der Kette Gesellschaft –

Familie – Kind: Geschont wird im besagten Fall die *Gesellschaft*, die es (zur damaligen Zeit) versäumt hat, eine tragbare Regelung für Kinder von unverheirateten Paaren zu finden. Verschont bleibt der *Vater* des Kindes, der sich »aus dem Staub« gemacht hat. Entlastet wurde die *Mutter* und ihre *Familie*. Das Kind trägt am Ende den größten Teil der psychischen Last für die Verbindung zwischen seinen Eltern.

Was noch dazu kommt, ist die Tatsache, dass wir es bei einem solchen Familiengeheimnis nicht nur mit einem aktuellen Konflikt zu tun haben, sondern mit einer Lüge, die ihre destruktive Wirkung in die nächste und nächsten Generationen fortsetzt und ausweitet. Im betreffenden Fall wird berichtet, wie die getäuschte Tochter ebenfalls ein außereheliches Kind bekommt – ungelöste Lebensschicksale haben die Tendenz, sich in der nächsten, manchmal sogar auffallend stark in der übernächsten (Enkel-)Generation zu wiederholen – und wie das nächste Kind besonders fest an seine verunsicherte Mutter gebunden wird. Wo in der vorigen Generation keine Mutter-Kind-Bindung existiert hat, entsteht in der nächsten Generation eine überstarke Mutter-Kind-Beziehung. Durch die Generationsfolge wird eine Kettenreaktion ausgelöst: Völlig unschuldige Kinder und Enkelkinder werden vom Keim der Geheimhaltung und der Schuld »angesteckt«, ohne dass sie wissen, wieso und weshalb. Darum ist es so wichtig, dass die direkt betroffenen Erwachsenen versuchen, ihre Konflikte zu lösen, damit diese sich nicht klammheimlich in der ganzen Familie ausbreiten.

Wir haben in der Literatur ein prominentes Beispiel für ein solches Schicksal: Erich Kästner. In seiner Autobiographie *Als ich ein kleiner Junge war* beschreibt er, wie seine

Eltern sich kennen lernten und ihn als Sohn bekamen. Es fällt bei der Lektüre auf, dass er über die Herkunftsfamilie seines Vaters nur wenig zu berichten weiß, während er ausführlich über die Familie seiner Mutter schreibt. Dieser eigenartige Umstand wird verständlich, wenn man erfährt, dass sein Vater eigentlich gar nicht sein Vater war. Sein wirklicher Vater war der langjährige jüdische Hausarzt der Familie, ein Sanitätsrat Dr. Zimmermann. Kästner hat dies einem seiner Schüler, Werner Schnyder, anvertraut, der 1982, sieben Jahre nach Kästners Tod, anlässlich einer Würdigung seines Werkes die Wahrheit über Kästners wahre Herkunft aufdeckte.

Wir wissen nicht, von wem Erich Kästner die Wahrheit über seine Herkunft erfahren hat. Als er seine Autobiographie schrieb, war seine Mutter schon sechs Jahre tot. Sein Vater lebte damals noch. In dieser Autobiographie beschreibt er die schrecklichen Eifersuchtsszenen zwischen seinen Eltern, etwa an Weihnachten, wenn beide um das schönste Geschenk für ihn buhlten. Er schreibt über die enge Bindung zu seiner Mutter, für die er alles bedeutete. Er schreibt über die Depressionen der Mutter, die sie manchmal fast in den Selbstmord trieben – wie er sie stundenlang an den Elbbrücken suchte, voller Angst, sie hätte sich etwas angetan –, und wie ihn der gute Hausarzt Dr. Zimmermann dabei tröstete. Aber er deutet mit keinem Wort an, dass dieser sein wirklicher Vater war. Wollte er seinen Ziehvater schonen? Wollte er sich selbst schonen?

Die Geschichte setzte sich in der nächsten Generation fort. Erich Kästner hatte mit einer Jugendfreundin zusammengelebt, als er eine um viele Jahre jüngere Frau kennen lernte und mit ihr einen Sohn zeugte. Er gab diesem zwar seinen Familiennamen, nahm das Kind jedoch nicht als sein eigenes an. Er lebte sogar eine Zeit lang mit ihm und dessen Mutter zusammen, bekannte sich jedoch in der Öffentlichkeit weder zu ihm noch zu ihr. Schließlich trennte sie sich von ihm. Sein Sohn wollte nichts mehr von seinem Vater wissen.[16]

Die Schuld der Eltern übernehmen

Ein Mann kam in Therapie, weil er sich in seinem sozialen Beruf ausgebrannt fühlte. Er übernahm für alles und jeden Verantwortung, konnte nicht »nein« sagen. Eigentlich lebte er für andere. Wenn er allein war und nichts mehr zu tun hatte, wusste er gar nicht, was er mit sich anfangen sollte. Als Kind war er oft von Gleichaltrigen gehänselt und geschlagen worden, er hatte sich nie gewehrt, hatte es auch nie zu Hause erzählt. Es wäre sowieso sinnlos gewesen, meinte er, in seiner Familie seien alle stumm gewesen.

Auf die Lebensgeschichte der Eltern angesprochen, sagte er, sein Vater sei bei der SS gewesen, aber das sei schon alles, was er wisse. Sein Vater hätte bis zu seinem Tod nie ein Wort über seine Kriegserlebnisse verloren. Durch die Therapie angeregt, begann sich der Sohn zum ersten Mal für die Geschichte der SS zu interessieren. Er war entsetzt über das, was er über ihre Rolle bei der Vernichtung der Juden erfuhr. Da beide Eltern bereits verstorben waren, konnte er sie nicht mehr dazu befragen. Wir machten eine Familienaufstellung,[17] in der offensichtlich wurde, dass der Vater sich in seiner Schuld eingeigelt hatte. Deshalb ist er stumm geworden. Der Sohn hatte die Schuldgefühle des Vaters gespürt, konnte diese aber nicht deuten. Unbewusst hatte er in seinem eigenen Leben versucht, die Schuld des Vaters zu kompensieren, indem er anderen Menschen half. In der Aufstellung konnte der Stellvertreter des Vaters vor seinen Opfern hinknien und sie um Verzeihung bitten. Diese fühlten sich endlich anerkannt und gesehen und waren schließlich versöhnt. Da fühlte der Sohn eine große Erleichterung. Er gab dem Vater einen Stein zurück als Symbol für die Last, die er für diesen getragen hatte. Der Vater nahm den Stein an und nahm dann den Sohn in den Arm. Nun war er endlich für den Sohn da. Dieser fühlte sich zum ersten Mal richtig als Kind, der von seinem Vater Schutz und Beistand erfuhr.

Wenn wir in Familiengeschichten wie diese hineinleuchten, erkennen wir immer wieder, wie oft Kinder die Probleme ihrer Eltern übernehmen. Wenn Eltern nicht ganz zu ihrem Schicksal stehen, wälzen sie dieses auf die Kinder ab, die ihr Leben lang davon belastet bleiben. Ein Vater kann beispielsweise nicht verwinden, dass er durch den Krieg nicht studieren konnte. Er schafft es zwar, sich hochzuarbeiten, aber er empfindet Neid gegenüber jedem Akademiker. Sein Sohn ist begabt, aber bekommt von seinem Vater immer nur zu hören, was er nicht gut könne. Am Ende wagt er nicht das Abitur zu machen, sondern geht vorzeitig von der Schule ab und lässt sich in einem Beruf ausbilden, für den er überqualifiziert ist. Er ist voller Versagensangst und traut sich nicht, mehr aus sich zu machen. In der Therapie darauf angesprochen, wie sein Vater reagieren würde, wenn er sein Abitur nachmachen würde, meint der Sohn spontan, dass es seinem Vater schlechter gehen würde, denn dann würde dieser an seine abgebrochene Ausbildung im Krieg erinnert werden.

Eine Frau fühlt sich im Elternhaus ungeliebt und abgelehnt. Die einzige Aufmerksamkeit, die sie als Kind von ihrer Mutter je bekommen hat, war deren hingebungsvolle Pflege, wenn sie krank war. Daher achtet sie selbst sehr auf ihre Gesundheit. Bei jedem kleinen Infekt bekommt sie Todesängste. In der Therapie erwähnt sie zufällig, dass ihre Mutter vor ihr ein erstes Kind gehabt hat, einen Sohn, der kurz nach der Geburt an einer banalen Infektion starb. Sie realisiert auf einmal, wie sehr ihre Mutter innerlich an ihrem toten Kind gehangen hat und deshalb seelisch nie richtig für sie da sein konnte. Man hat zu Hause nie über das tote Geschwister gesprochen, aber die Tochter hat immer das Gefühl gehabt, in einem Totenhaus aufzuwachsen. Das Einzige, was noch an ihren verstorbenen Bruder erinnerte, war die Angst der Mutter, wenn sie, die Tochter, mal krank war.

Wir haben im Kapitel über die Gefühle gesehen, wie wichtig es ist, unsere Gefühle zu spüren und auszudrücken. In diesen letzten Beispielen hat der eine Vater, der bei der SS war, seine Schuldgefühle unterdrückt und damit seinen Sohn belastet; der zweite Vater konnte die Kränkung darüber, dass er nicht hatte studieren können, nicht verwinden und richtete seinen Neid auf seinen Sohn; die verwaiste Mutter schließlich hat ihre Trauer ums erste Kind abgespalten und ist nie über seinen Tod hinweggekommen. Deshalb war sie nie innerlich frei für ihr nächstes Kind. Dieses übernahm von ihr die Todesangst, wenn es einmal krank war.

Familienmythos vom Heldentod

Ein junger Mann suchte in der Therapie nach Rat. Er werde bald 35, schon seit seiner Kindheit hieß es, als ältester Sohn sollte er die Firma seines Vaters, einen bekannten Handel mit antiken Möbeln, übernehmen. Er wäre damit immer einverstanden gewesen, nun stellten sich bei ihm aber zum ersten Mal Zweifel ein, nachdem seine Freundin sich von ihm trennen wollte mit der Begründung, sie habe ihn, nicht sein Familienunternehmen heiraten wollen. Er hätte jedoch Angst um seinen Vater, wenn er die Nachfolge abschlagen würde. Dieser hätte als junger Mann seinen Vater und seinen älteren Bruder im Krieg verloren. Er wäre als Einziger übrig geblieben. Nach dem Krieg hätte er mit der Mutter das Geschäft aus dem Nichts aufgebaut. Es wäre das Ein und Alles für den Vater, deshalb dürfe er ihn nicht enttäuschen.

Wir stellten die Familie auf, mitsamt dem gefallenen Großvater und Onkel des Klienten. Zu unserer Überraschung reagierte der Stellvertreter des Vaters überhaupt nicht traurig auf die Toten. Er zeigte sich vielmehr außerordentlich stolz auf seinen Vater und Bruder, da diese doch den »Heldentod« gestorben seien. In seiner Firma, die er mit eigenen Händen aufgebaut hatte, sah er ein Symbol für die Fortsetzung der ehernen Familientradition. Die Firma sollte bis in alle Ewigkeit bestehen bleiben, wie das Tausendjährige Reich. Jede Hinterfragung dieses Familienmythos war tabu. Seine Frau, eine Heimatvertriebene, war ebenfalls von diesem Lebensziel überzeugt. Beide Eltern bildeten eine Phalanx, an der die leisen Bedenken des Sohnes fruchtlos abprallten. Er erkannte, dass es sinnlos war, mit seinen Eltern über seine Zweifel zu sprechen. Diese würden ihn nicht verstehen. Er hatte nur die Wahl, das Familienunternehmen fortzuführen unter Preisgabe seiner eigenen Lebensvorstellungen und seiner Liebesbeziehung oder sich als Verräter der Familienehre beschimpfen zu lassen, wenn er »nein« sagte.

Er entschied sich schließlich für den zweiten, dornigeren Weg. Ihm half dabei die Liebe seiner Freundin, die zu ihm hielt, und die Erkenntnis, dass sein Vater sich eigentlich nicht als Kriegsopfer, sondern als moralischer Sieger sah. Um diese Lebenslüge aufrechtzuerhalten, hatte der Vater seinen Kindern alle erdenklichen Opfer abverlangt und keine Rücksicht auf deren Gesundheit und persönliche Interessen genommen. Nachdem der Klient in der Therapie den Egoismus des Vaters erkannt hatte, konnte er sich besser gegen diesen abgrenzen. Obwohl er seine Bedenken gegen die Übernahme des Geschäfts nur zögerlich vortrug, wurde er vom Vater sofort als »Versager« und »Verräter« verstoßen. Für den Vater war er »gestorben«. Er inthronisierte sofort den jüngeren Bruder als Nachfolger. Erst da erkannte der Klient, dass die ganze Zuwendung, die er bis dahin vom Vater bekommen hatte, nur seiner Position als Nachfolger galt, nicht aber seiner Person. Darüber war er sehr viel enttäuschter als über den Verlust des Geschäfts – dies hat ihn eher erleichtert.

Leugnung der sexuellen Veranlagung

Ein Mann kam zur Therapie, weil er von starken Minderwertigkeitsgefühlen und Selbstzweifeln geplagt war. Beruflich und privat käme er nicht voran. Er wüsste gar nicht, wer er in Wirklichkeit sei, er könnte nicht »seinen Mann stehen«. Auf seinen Vater angesprochen, sagte er, er habe immer das Gefühl gehabt, in den Augen seines Vaters nicht in Ordnung zu sein.

Wir stellten seine Familie auf. Es kam dabei heraus, dass sein (schon verstorbener) Vater homosexuell veranlagt gewesen war, aber aus Scham nicht zu seiner sexuellen Orientierung stehen konnte. Um als normal zu gelten, hatte er geheiratet. Seiner Frau gegenüber hatte er nichts von seiner homosexuellen Neigung verraten, er hielt sie eher emotional auf Distanz. Als sie einen Sohn bekamen, hatte der Vater ihn nicht zu berühren gewagt, aus Angst, er könne seinen Sohn missbrauchen oder ihm seine Homosexualität »übertragen«.

Der Sohn hatte nie verstanden, warum sein Vater immer einen Bogen um ihn gemacht hatte. Er schrieb sich die Schuld dafür selbst zu. Er dachte, irgendetwas sei bei ihm nicht in Ordnung, er trage ein unsichtbares Stigma. Nach der Familienaufstellung erkannte der Klient, dass er das Gefühl, unnormal zu sein, von seinem Vater übernommen hatte. Anfangs war er sehr wütend darüber, dass sein Vater sich ihm gegenüber nie offenbart hatte. Dann konnte er verstehen, dass der Vater, der in den 30er-Jahren aufwuchs, nie die Chance gehabt hatte, sich zu seiner Homosexualität zu bekennen. Mit Hilfe der Therapie konnte er nunmehr besser zu sich und seiner Männlichkeit stehen.

In der Lüge leben

Zum Schluss möchte ich der Frage nachgehen, weshalb es in Familien so schwer ist, hinter die Wahrheit zu kommen. Wir sagen, jemand »lebe in der Lüge« oder jemand »stehe in der Wahrheit«. Was bedeutet das? *In* der Lüge zu leben oder *in* der Wahrheit zu stehen könnte so verstanden werden, als stünde man in einem Raum. Man spricht auch vom »Lügengebäude«. Die Lüge beziehungsweise die Wahrheit können wir also wie einen Raum ansehen, eine Sphäre, eine Energie. Wir sagen ja manchmal: Wenn ich einen bestimmten Raum betrete, spüre ich darin eine bestimmte Energie, zum Beispiel Ruhe, Erregung oder Trauer. Wir treten dort ein und sind gleich umgeben von der betreffenden Energie. Es ist also eine *Befindlichkeit*, wenn wir in der Wahrheit stehen oder in der Lüge leben. Es ist gar nicht so sehr etwas, wofür ich mich entscheide: »Ich sage jetzt die Wahrheit!« oder: »Ich beschließe zu lügen!« Das gibt es natürlich auch, ein willentlicher Entschluss zur Wahrhaftigkeit oder zur Lüge. Wenn es jedoch um *Lebens*lügen oder *Lebens*wahrheiten geht, ist es eher ein Zustand oder besser eine Befindlichkeit. Man hält sich im Lügengebäude oder im wahrhaftigen Raum auf. Wenn man einmal drin ist, verhält man sich dementsprechend. Man lügt automatisch oder man sagt automatisch die Wahrheit, ohne sich darüber viele Gedanken zu machen.

Statt des Begriffes »Raum« können wir auch »System« sagen: In einem System sind alle Teile miteinander verbunden, und zwar unter einem bestimmten Motto. Manche Familien funktionieren zum Beispiel nach dem Motto »Was ich nicht weiß, macht mich nicht heiß!«. In einer solchen Familie wendet man automatisch den Kopf ab, wenn man einer peinlichen Tatsache begegnet. Man will einfach nichts davon wissen – nicht aus bösem Willen, sondern weil man sich von der »heißen« Information zu sehr aus seiner Ruhe gebracht fühlt. Man will seine Ruhe behalten und nicht behelligt werden.

Eine andere Familie funktioniert vielleicht nach einem entgegengesetzten Prinzip: »Die ganze Welt ist schlecht und gemein!« Hier gehen die Familienmitglieder förmlich auf die Jagd nach schlimmen Wahrheiten. Am Tisch tauscht man sich über die neuesten schlechten Nachrichten aus den Medien aus. Man fühlt sich bei jeder Katastrophenmeldung in seiner Meinung bestätigt, die Welt sei widerlich (»... und wir sind die einzigen Gerechten«). So, wie die erste Familie eine Vogel-Strauß-Politik verfolgt, so zelebriert die zweite Familie ihre Selbstgerechtigkeit.

In einem solchen Familiensystem sind sich die einzelnen Mitglieder meist gar nicht bewusst, dass sie sich nach einer bestimmten Maxime verhalten. Es sind wie Tischsitten, die automatisch von den Eltern an die Kinder weitergegeben werden, ohne dass man darüber nachdenkt. In der einen Familie nimmt man es mit der Wahrheit nicht so genau. In einer anderen ist selbst eine Notlüge eine Todsünde. Warum? Man kennt es eben nicht anders! Es ist wie ein Lebensstil, der ungefragt von einer Generation zur nächsten weitergegeben wird. Daher ist es im Grunde eine Ungeheuerlichkeit, wenn ein Mitglied es wagen sollte, aus dem System zu springen und den selbstverständlichen Umgangsstil in der Familie zu hinterfragen.

Was müssen wir beachten, wenn wir von einem Geheimnis wissen und es ans Tageslicht bringen möchten? Die Eröffnung eines Familiengeheimnisses ist ein komplexer Vorgang, der das ganze System betrifft: die direkt Betroffenen, die ferneren Verwandten, die ältere und jüngere Generation. In vielen Fällen ist die Gemeinschaft, in der man lebt, und die Gesellschaft insgesamt mit an der Entstehung, Bewahrung und Aufhebung eines Familiengeheimnisses beteiligt. Daher müssen wir viele Punkte bedenken, bevor wir ein Geheimnis lüften. In der folgenden »Checkliste« finden Sie die wichtigsten Faktoren, die eine Rolle bei der Preisgabe eines Geheimnisses spielen.

Welche Faktoren sind bei der Lüftung eines Familiengeheimnisses zu berücksichtigen?

- *Wer ist Hauptbetroffene(r) des Geheimnisses? Wie betrifft es andere Familienmitglieder? Ist es mein Geheimnis?* Die vom Geheimnis hauptsächlich Betroffenen sollten über das Geheimnis verfügen und die Wahrheit wissen. Zum Beispiel sollte ein Kind seine wahre Herkunft kennen, ein Kranker seine Diagnose, ein betrogener Ehepartner sollte die Wahrheit wissen, der Sexualpartner sollte aufgeklärt werden, wenn Aids diagnostiziert wird.
- *Welche Familienmitglieder sind in das Geheimnis eingeweiht, welche sind ausgeschlossen? Warum?* Die Geheimnisträger (und die Ausgeschlossenen) bilden oft konspirative Zirkel oder Koalitionen. Es entstehen Loyalitätskonflikte, wenn man dazwischensteht.
- *Aus welchen Motiven ist das Geheimnis entstanden?* Aus Fürsorge (zum Beispiel, um jemanden zu schützen)? Aus Angst, Scham, Schuldgefühlen? Um eigene Vorteile zu sichern (Machtgewinn, finanzieller Gewinn, Lustgewinn, Rachebedürfnis)?

- *Dient das Geheimnis dem Schutz eines Täters oder dem Schutz eines Opfers?*
- *Werde ich oder ein anderes Familienmitglied eingeschüchtert oder bedroht, damit wir das Geheimnis für uns behalten?* Wenn ja, wie geschieht das? Durch die Androhung körperlicher Gewalt? Durch psychische Sanktionen (Liebesentzug, Isolation, Stigmatisierung)? Durch Erpressung, zum Beispiel die Androhung, ein Geheimnis von mir zu eröffnen? Durch emotionale Erpressung (»Wenn du das sagst, dann geht es mir schlecht«)? Durch finanzielle Abhängigkeit? Durch ein professionelles Machtverhältnis (als Vorgesetzter, Arzt, Therapeut, Seelsorger)? – Wenn ich bedroht oder eingeschüchtert werde, missbraucht jemand seine Macht über mich. Ich muss mich erst einmal schützen und Schutz suchen, bevor ich das Geheimnis preisgebe (mich räumlich in Sicherheit bringen, mich emotional und finanziell unabhängig machen, mir Unterstützung bei Polizei, Jugendamt, Anwalt, Therapeut usw. holen).
- *Ist das Ansehen der Familie oder die Familienehre betroffen? Oder nur das Ansehen eines Einzelnen?*
- *Ist das Geheimnis zeitlich begrenzt? Unter welchen Bedingungen hat(te) das Geheimnis einen Sinn?* Gilt das Geheimnis nur, solange ein Kind klein ist? Solange eine bestimmte Beziehung besteht? Solange man abhängig ist, zum Beispiel von den Eltern? Solange man bedroht ist? Bis bestimmte Geheimnisträger oder die Eltern gestorben sind? Solange ein totalitäres Regime herrscht? Solange gesellschaftliche Sanktionen drohen?
- *Welche Gefühle löst die Geheimhaltung bei mir und anderen Geheimnisträgern aus?* Scham? Schuldgefühle

gegenüber den vom Geheimnis Ausgeschlossenen? Genugtuung? Selbstgerechtigkeit? Verachtung? Machtgefühl? Angst vor Entdeckung?
- *Wie schwerwiegend ist das Geheimnis?* Geht es um eine schwere Schuld oder eine Familienschande? Würde jemand bei Eröffnung des Geheimnisses verfolgt oder bestraft werden?
- *Aus welchen Motiven möchte ich das Geheimnis lüften?* Ist es der Wunsch nach Ehrlichkeit und Klarheit? Der Wunsch nach Versöhnung? Aus Wut, Rachebedürfnis? Um jemandem zu schaden? »Nur für sein Bestes«? Um mich wichtig zu machen? Um Macht oder Ansehen zu gewinnen? Um mir selbst zu schaden?
- *Wie würden die Familienmitglieder auf die Wahrheit reagieren?* Verärgert? Erleichtert? Schockiert? Vor den Kopf gestoßen? Verständnisvoll? Betroffen? Ungläubig? Mit Selbstrechtfertigung?
- *Wie würde die Gesellschaft, in der die Familie lebt, auf die Wahrheit reagieren?* Hat man mit Sanktionen zu rechnen (bei Drogendelikten, kriminellen Handlungen) oder mit sozialer Ausgrenzung? Ist Verständnis und Unterstützung zu erwarten?
- *Welche Beziehungen würden sich nach Lüftung des Geheimnisses ändern? Und wie?* Positive und negative Änderungen sind zu berücksichtigen.
- *Wie bereite ich mich und andere auf die Eröffnung eines Geheimnisses vor?* Brauche ich Information? Therapeutische Hilfe? Rechtsberatung? Verbündete? Unterstützung von außerhalb? Vorsichtiges Herantasten? Wann ist die beste Gelegenheit zur Lüftung eines Geheimnisses? (Auf vertraulichen Rahmen achten – nicht auf Familienveranstaltungen die Bombe platzen lassen!)

- *Mit welcher Nacharbeit ist nach Eröffnung des Geheimnisses zu rechnen?* Gespräche und Verhandlungen innerhalb der Familie? Was wird außerhalb der Familie passieren? Ist eine finanzielle oder rechtliche Klärung zu erwarten?

Der lange Weg bis zur Entschleierung eines Familiengeheimnisses

Eine Frau hat sich nach einer schweren Krankheit auf die Suche nach der Wahrheit in ihrer Familie begeben. Aber überall, wo sie hinkommt und nachfragt, stößt sie auf Unverständnis, betroffenes Schweigen oder offenen Ärger. Warum will sie denn wissen, ob die Urgroßmutter noch mehr Kinder gehabt hat oder ob die Oma bei ihrer ersten Schwangerschaft schon verheiratet war? Wieso interessiert sie sich auf einmal dafür, ob sich die Eltern geliebt haben, als sie heirateten? Was gehen sie die ehemaligen Freundinnen des Vaters an? Selbst ihre Geschwister, die in der Kindheit ähnlich gelitten haben, fühlen sich unangenehm berührt von ihren »unanständigen« Fragen. Warum will sie das Vergangene wieder aufrühren? Sie solle doch froh sein, dass die schlimmen Zeiten vorbei sind! Man solle lieber in die Zukunft blicken und nicht zurück. Die Eltern haben sich doch zum Guten verändert. Warum also die Leichen im Keller ausgraben? Es *gibt* keine Geheimnisse, sie bildet sich alles nur ein! Daran ist nur die Therapie schuld. Seit sie Therapie macht, ist sie ganz anders geworden als früher!

An diesem Beispiel sehen wir, dass es den Geschwistern und den übrigen Familienangehörigen gar nicht bewusst ist, dass sie Geheimnisse und Tabus haben. Sie haben an dieser Stelle nur einen *blinden Fleck* – wenn sie hinschauen, sehen sie nichts! Sie fühlen nur, wie unangenehm es ist, wenn man sich diesem nebulösen Etwas nähert, deshalb wehren sie sich dagegen, genauer hinzuschauen. Die Wahrheit interessiert sie nicht. Sie ist gefährlich. Sie bringt Unglück. Sie bringt Streit und Unfrieden. Vor allem: Sie stellt das Fundament der Familie in Frage. Also lieber alles unter den Teppich kehren und so tun, als ob nichts wäre.

Die betreffende Frau merkt, welch starker Widerstand ihr begegnet, wenn sie nachforscht. Sie spürt die ungeheuren Kräfte, die sie zurückziehen möchten zum alten Glaubenssystem der Familie. Und es sind nicht nur die anderen, die an ihr ziehen. Sie hört auch in sich eine Stimme, die ihr zuflüstert: »Lass es doch. Lass doch alles beim Alten! Warum willst du alle beunruhigen? Du siehst doch, dass die Eltern alt und krank sind. Sie ertragen die Wahrheit nicht mehr. Alle haben sich mit dem Gegebenen abgefunden. Warum willst du alles wieder aufrühren? Es ist doch egoistisch, wenn du weiterbohrst!«

Das Bedürfnis dazuzugehören, die Sehnsucht nach Geborgenheit und Eintracht kann ebenso stark sein wie der Wunsch, endlich gesund zu werden, manchmal ist das Sehnen sogar stärker. Oft wagt eine Person erst den Sprung aus dem vertrauten Familiensystem, wenn sie woanders eine neue innere Basis gefunden hat, an einem anderen Ort, in einem neuen Freundeskreis, in einer ehrlichen Partnerschaft, in einem eigenen Beruf, in einer Therapie, in einer Selbsthilfegruppe, in einer spirituellen Gemeinschaft, manchmal sogar in einer anderen Kultur.

Es kann durchaus eine lange Reise sein, wenn man Familiengeheimnissen und -tabus auf den Grund gehen möchte. Nicht selten ist therapeutische Hilfe nötig. Aber auch dann braucht man viel Fingerspitzengefühl und Zeit. Denn es geht hier nicht um die Verhaltensänderung bei einer Einzelperson. Es geht um den Wandel eines ganzen Systems, in dem viele Menschen und viele Beziehungen mitbetroffen und mitbeteiligt sind. Familiensysteme, wie gesellschaftliche Systeme überhaupt, brauchen viel mehr Zeit und Geduld, um sich zu wandeln, als es einer Einzelperson möglich ist. Man muss manchmal warten, bis das System »reif« für eine Veränderung ist. Wir sehen am Beispiel der außerehelichen Schwangerschaft, wie lange es gedauert hat, bis ein solches Ereignis nicht mehr als Katastrophe für die betroffenen Frauen und deren Familie betrachtet wird. Ein anderes Beispiel betrifft die Behandlung der Kriegstraumata aus dem letzten Weltkrieg. Es hat fast 50 Jahre gedauert, bis man bereits ist, die Geschehnisse von damals ohne voreilige Schuldzuweisungen und übermäßige Scham anzuschauen.

Bei der Lüftung von Familiengeheimnissen und -tabus ist es wichtig zu überlegen, welche positiven und negativen Folgen eine Offenlegung haben kann. Man sollte sich fragen, welche Familienmitglieder unter der Geheimhaltung leiden und welche davon profitieren. Man muss sich als Familienmitglied schützen, bevor man Tabus hinterfragt, sonst läuft man Gefahr, ein weiteres Mal verletzt oder ausgeschlossen zu werden. Man braucht Verbündete, die einem bei der Suche nach der Wahrheit beistehen. Man sollte nachforschen, welche Angehörigen heute noch leben, die man nach der Vergangenheit befragen kann. Wenn man auf Widerstand stößt, sollte man nicht mit dem Kopf durch die Wand gehen, sondern sich fragen:

Woher kommt der Widerstand? Was sind die Motive der abwehrenden Personen? Vor allem sollte man sich sehr viel Zeit lassen. Die Wahrheit hat eine unwiderstehliche Kraft, irgendwann werden Lügen und Illusionen schon vor ihr weichen. Jedoch braucht sie Zeit, um sich zu entfalten. Es ist wie in der Archäologie, wenn man einen alten Fund ausgraben will: Es geht nur Schicht für Schicht, wenn man nach der Wahrheit gräbt. Wenn man alles auf einmal ans Licht bringen will, zerstört man womöglich mehr, als man gewinnt. Mehr dazu finden Sie im letzten Kapitel.

Wenn Lebenskonzepte fehlschlagen und Lebensträume zerplatzen

John Lennon schrieb die nachfolgenden Zeilen in einem Song an seinen Sohn Sean, der gerade fünf Jahre alt geworden war. Er mahnte darin seinen Sohn, ihm die Hand zu geben, bevor er über die Straße gehe. »Leben ist das, was dir passiert, wenn du gerade damit

> Life is what happens to you while you're busy making other plans.
> *John Lennon*

beschäftigt bist, andere Pläne zu machen.«[18] Kurz darauf war John Lennon tot, von einem psychisch gestörten Verehrer auf offener Straße erschossen.

»Leben ist das, was dir passiert, wenn du gerade damit beschäftigt bist, andere Pläne zu machen.« Wir alle machen Pläne: berufliche und private, große und kleine: Was will ich werden, wenn ich einmal groß bin? Wo möchte ich wohnen? Wo verbringe ich den nächsten Urlaub? Was mache ich, wenn ich alt bin? *Lebenspläne* sind wichtig, sie sind wie Leuchttürme auf dem stürmischen Weg durchs Leben. Sie sind da, damit wir unsere Ziele nicht aus den Augen verlieren.

Daneben gibt es *Lebenskonzepte*. Sie sind grundsätzlicher als die konkreten Lebenspläne: Möchte ich Familie haben oder will ich lieber allein bleiben? Wie wichtig ist mir die Arbeit, wie wichtig meine Freizeit? Welchen Stellenwert haben andere Menschen in meinem Leben? Was bedeutet der Glaube für mich? Lebenskonzepte bilden die Basis unseres Lebens. Sie geben die Grundrichtung vor, in die wir unser Leben führen wollen. Aus unserem Lebenskonzept kristallisieren sich unsere konkreten Lebenspläne heraus.

Eine Frau hat eine unglückliche Kindheit erlebt. Ihre Eltern trennten sich früh. Schon als Kind hat sie geträumt, einmal den Idealmann zu finden und mit ihm für immer zusammenzubleiben. Nichts sollte sie je auseinander bringen. Sie verliebte sich in einen charmanten Mann, heiratete und bekam bald zwei Kinder. Erst dann merkte sie, dass hinter der strahlenden Fassade ihres Partners ein depressiver, von heftigen Selbstzweifeln geplagter Mensch steckte. Er verlor die Arbeit, begann zu trinken. Sie krempelte die Ärmel hoch und übernahm den Broterwerb. Nach der Arbeit kümmerte sie sich um die Hausaufgaben ihrer Kinder, am Wochenende brachte sie den Haushalt in Ordnung. Irgendwann, als sie in die Vierziger kam, entdeckte sie, dass ihr Mann schon jahrelang eine Nebenbeziehung hatte. Eine Welt brach für sie zusammen. Sie erkannte, dass sie all die Jahre einer Lebensillusion nachgegangen war. Natürlich hatte sie längst gemerkt, dass einiges in ihrer Ehe nicht stimmte. Im Grunde hatte sie schon zu Beginn ihrer Beziehung gespürt, dass sie und ihr Mann nicht zusammenpassten. Aber sie hatte davor die Augen verschlossen, weil sie an ihrem Lebensplan festhielt: Auf keinen Fall wollte sie zulassen, dass ihre Ehe so wie die ihrer Eltern scheiterte. Nun war sie genauso geworden, wie sie es *nicht* wollte.

Neurotische Lebenskonzepte

Wir könnten natürlich in diesem Fall sagen, die Frau habe Pech gehabt. Hätte sie einen anderen Partner gefunden, wäre ihr Leben ganz anders verlaufen. In der Therapie machen wir jedoch eine andere Beobachtung: Wir finden auffällig viele Wiederholungen in den Lebensläufen von erwachsenen Kindern und ihren Eltern und Großeltern. In manchen Familien gibt es auffallend viele Trennungen, in anderen einen ungewöhnlichen Kinderreichtum. Manche Familien gedeihen, andere sterben aus. Darin ist keineswegs das Zeichen für ein unabwendbares Schicksal zu sehen. Das wäre Fatalismus. Es hat auch nichts mit Vererbung zu tun. Es ist eher so, dass *unverarbeitete Konflikte in Familien sich in späteren Generationen fortsetzen, bis sie zu einer Lösung gelangen.* Wir sprechen hier von einem *neurotischen Wiederholungszwang.* Das gleiche Phänomen kennen wir schon lange bei individuellen Konflikten. Auch hier wirkt das ins Unbewusste Verdrängte weiter und entfaltet seine destruktive Wirkung im Leben des Einzelnen: Er leidet, wird körperlich krank. Wir können nicht vor uns selbst flüchten, wir können uns auch nicht von unseren familiären Konflikten lossagen, genauso wenig wie von unseren gesellschaftlichen Verpflichtungen. Wir müssen uns in jedem Fall stellen. Sonst verfolgt uns das Verdrängte und wird irgendwann unsere Kinder belasten.

Im oben beschriebenen Fall hat sich die Frau verständlicherweise gewünscht, eine bessere Ehe zu führen als ihre Eltern. Aber es blieb nicht beim bloßen Wunsch. Sie wollte mehr: Sie wollte *auf keinen Fall* in ihrer zukünftigen Beziehung scheitern. Dieser Lebensentschluss wurde ihr zum Verhängnis. Wäre es beim einfachen Wunsch geblieben, dann wäre sie irgendwann von ihrem Mann enttäuscht gewesen und hätte sich von ihm getrennt. Da aber ihre Ehe nicht scheitern *durfte*, manövrierte sie sich immer tiefer in die Sackgasse. Sie missachtete die ersten Warnzeichen, sie schlug die Warnungen von Freunden in den Wind, bis sie schließlich vor dem Scherbenhaufen ihrer Beziehung stand. Später in der Therapie sagte sie, sie habe es eigentlich schon immer gewusst. Etwas in ihr habe, wie ein Rumpelstilzchen, triumphierend aufgelacht, als sie entdeckte, dass ihr Mann fremdging. Dies sei wie eine unheimliche Bestätigung ihres Familienschicksals, dem sie ihr Leben lang zu entfliehen versucht hat. Mit Hilfe der Therapie und einiger Familienaufstellungen gelang es ihr, die verwickelten Verhältnisse in ihrer Familie zu entwirren. Sie fand schließlich Frieden in sich. Von hier aus konnte sie ihren Mann erfolgreich konfrontieren. Dieser hörte endlich auf, mit ihr Katz und Maus zu spielen, und entschied sich, wegen seiner Depressionen selbst in Therapie zu gehen.

Schicksalhafte Lebenswendungen

Aber es sind nicht nur neurotische Lebenskonzepte und -pläne, die scheitern. Auch ganz normale Vorhaben können eine unvorhersehbare Wendung erfahren, ohne dass sie Ausdruck eines inneren Wiederholungszwanges zu sein brauchen. Es ist, wie John Lennon singt, das Leben selbst, das uns ein Bein stellt oder einen Streich spielt. Genauso wie es glückliche Fügungen gibt, so werden wir auch von Schicksalsschlägen heimgesucht. Diese können im größeren gesellschaftlichen Kontext in der Gestalt von Kriegen oder Naturkatastrophen über uns hereinbrechen. Es kann auch im Privatleben geschehen, etwa bei einer ungewollten Schwangerschaft, einer angeborenen Behinderung, einer schweren Krankheit oder einem frühzeitigen Tod. Auch äußere Ereignisse wie Arbeitslosigkeit oder Unfälle können uns aus der gewohnten Lebensbahn katapultieren. Solche Einbrüche werfen unsere Lebenspläne über den Haufen und zwingen uns, unsere Lebensentwürfe neu zu überdenken. Altvertraute Gesichter, Gewohnheiten und Orte gehen uns plötzlich verloren und müssen betrauert werden. Gleichzeitig türmen sich neue Herausforderungen vor uns auf und verlangen unerbittlich nach einer Lösung.

In solchen Situationen versagen wir leicht. Denn drastische Lebenswendungen nötigen uns ein Maß an innerer und äußerer Wendigkeit ab, über die viele nicht verfügen. Manche straucheln, fallen hin und fassen nicht mehr Fuß im Leben. Andere halten sich verzweifelt an altbewährten Lebenskonzepten fest und wehren sich mit aller Macht gegen jegliche Neuerung. Wieder andere werden zu schieren »Wendehälsen«. Sie mutieren zu Überlebenskünstlern, verlieren dabei aber jede innere Überzeugung und Moral. Zuletzt gibt es solche, die mit Glück und Geschick die Katastrophe überleben, nur um festzustellen, dass sie keine innere Ruhe mehr finden können. Sie sind von den schrecklichen Ereignissen so traumatisiert worden, dass sie sich selbst dann noch im Krieg wähnen, wenn schon längst Frieden herrscht.

So hat der Zweite Weltkrieg tiefe Spuren in vielen Familien hinterlassen. Selbst heute, 60 Jahre nach seinem Ende, finden wir noch zahlreiche Menschen, die ihren

Verstorbenen und ihrer verlorenen Heimat nachtrauern. Einige schlossen sich in ihre Erinnerungen ein und waren nicht mehr ansprechbar. Andere stürzten sich in Wiederaufbau und Karriere, um ihre Verluste zu vergessen. Söhne leiden heute noch unter dem eisernen Schweigen ihrer Väter. Erwachsene Kinder fühlen sich stellvertretend für ihre Eltern für etwas schuldig, das sie nicht getan haben. Viele Vertriebene auf der ganzen Welt wissen nicht, wo ihre Wurzeln liegen. Ein solches weltumspannendes traumatisches Ereignis lässt uns die ungeheure Verquickung gesellschaftlicher und familiärer Prozesse erkennen. Angesichts des millionenfachen Todes wirken unsere individuellen Lebenspläne wie ein Grashalm im Wind.

Dennoch, zwischen diesen beiden Kräften, dem Wunsch nach Beständigkeit und Stetigkeit einerseits und der Notwendigkeit des Wandels andererseits, muss ein jeder seinen Weg finden. Veränderungen können auch neue Chancen eröffnen. Beharrlichkeit kann in Starrsinn münden. *Leben* ist, wie Miriam Polster, eine bekannte amerikanische Gestalttherapeutin sagte, *lebensgefährlich* – sie hatte einen geistig behinderten Sohn und musste manches Unvorhergesehene in ihrem Leben bewältigen. Hierin besteht wohl Lebenskunst: Bei allen äußeren Widrigkeiten innerlich klar zu bleiben; im Fluss des Lebens zu schwimmen, ohne dass man untergeht. Veränderung gehört zum Leben.

> • Man kann nicht zweimal in denselben Fluss steigen.
> Heraklit

Lebensphasen und überlebte Lebenskonzepte

Dann gibt es noch spezifische »Stromschnellen« im Lebensfluss, durch die ein jeder durchschwimmen muss. Es sind bestimmte, biologisch und sozial bedingte Krisenzeiten im Lebenszyklus, die uns in gewaltige Veränderungen stürzen. Die *Geburt* ist die erste Krise, die von uns die leibliche Trennung von der Mutter fordert. Die *Pubertät* ist die nächste, in der das Kind sich zum jungen Erwachsenen verwandelt, dabei die innere Trennung von den Eltern vollzieht und zum Individuum wird. Die *Liebesbeziehung* bringt einen zweiten Menschen ins Leben, die *Familiengründung* macht aus den zweien eine neue Familie, womit sich der Lebenszyklus erneuert. Mit der Midlife-*Crisis* und den *Wechseljahren* drängen sich die Themen »Altern« und »Endlichkeit« zum ersten Mal mit Macht in den Vordergrund. Sie werden real mit dem Erwachsenwerden der Kinder und dem Ende des Erwerbslebens. Im *Alter* geht es dem Tode entgegen, Transzendenz wird wesentlich.

Wir sind diesem allgemeinen Lebenszyklus zwar unterworfen, aber unsere individuelle Perspektive ist begrenzt, wenn wir unsere Lebenskonzepte und -pläne aufstellen. Als wir als Kinder uns unser späteres Leben als Erwachsene vorgestellt haben, taten wir es aus der Kinderperspektive heraus. Alles erschien groß, phantastisch, mächtig – so stellten wir uns die Erwachsenenwelt vor. In der Pubertät kamen uns die Eltern und ihre Generation altmodisch vor, wir wollten auf jeden Fall anders werden als sie. Mit 20 haben wir gesagt: »Traue keinem über 30«. Mit 30 ging es dennoch in Richtung Karriere und Familie. So ändert sich unsere Lebensperspektive immer wieder aufs Neue. Je jünger wir sind und je begrenzter unser Erfahrungshorizont ist, desto mehr sind wir auf gute *Vorbilder* angewiesen, die uns vorangehen und zeigen, wie wir es später machen könnten. Eltern, Lehrer, Mentoren, ältere Freunde und Freundinnen erfüllen hier eine wichtige Funktion.

Eine besondere Krisenzeit findet in der Midlife-Crisis statt: Mit 40, wenn man in der Mitte seines Lebens steht und zum ersten Mal auf die zweite Lebenshälfte schaut, stellen wir uns die Gretchenfrage: Wo will ich eigentlich hin? Will ich so weiterleben wie bisher? In dieser Phase gibt es die meisten Beziehungskrisen, die meisten Trennungen, die meisten Jobwechsel. Oft werden die bisherigen Lebenskonzepte radikal in Frage gestellt. Hier entpuppt sich manches Lebenskonzept als Illusion. Träume zerplatzen. Männer geraten in Torschlusspanik und suchen nach einer jüngeren Partnerin, um sich die eigene »Jugendlichkeit« zu beweisen. Frauen fragen sich, ob sie ihr ganzes Leben mit demselben langweiligen Partner verbringen wollen, und schauen sich ebenfalls nach Alternativen um. Außerdem sehen sie jetzt die letzte Chance, nach der Familienphase noch einmal ins Berufsleben zurückzukehren. Gleichzeitig verlangen die alten Eltern nach vermehrter Aufmerksamkeit.[19]

Die meisten Hilfe Suchenden, die zur Therapie kommen, sind Menschen aus dieser Lebensphase. Sie kommen als Einzelne und als Paare. Die meisten sehen ihre Krise als persönliches Problem und lasten es sich selbst an. Für viele ist es entlastend zu hören, dass sie sich in einer weit verbreiteten, gesunden Transformation befinden und dass es sich lohnt, ihre neuen Empfindungen und Bedürfnisse zu entdecken und mit dem Partner auszutauschen. Das Leben endet nicht wie im Märchen mit »... und sie lebten glücklich immerdar». Es ist, heute mehr denn je, eher wie ein Fluss, der immer wieder Stromschnellen und Untiefen aufweist. Das mittlere Lebensalter ist eine große Herausforderung, sowohl für die Frau als auch für den Mann. Die Herausforderung besteht darin, die Veränderungen bei sich und beim Partner zu erkennen und ernst zu nehmen, sie dort, wo es möglich ist, mit dem eigenen Leben und dem Zusammenleben in Einklang zu bringen und dort, wo Dissonanzen unvermeidbar sind, diese auszuhalten und durchzustehen.

Ein Paar ist seit mehr als 20 Jahren verheiratet. Die Partner haben sich von Anfang an sexuell und emotional gut verstanden. Als sie sich kennen lernten, hatten beide interessante Berufe, über die sie sich gern austauschten. Sie unternahmen viel miteinander, gingen oft auf Reisen. Als sie 30 wurden, bekamen sie wie geplant ein Kind. Die Frau hörte zeitweilig mit ihrer Arbeit auf. Sie hatte vor, wieder einzusteigen, wenn das Kind aus dem Gröbsten herausgekommen wäre. Danach würde ihr Mann kürzer treten, damit sie ihren Rückstand aufholen könnte. In der Zwischenzeit machte der Mann Karriere und stieg in seiner Firma auf. Seine Frau stand ihm zur Seite. Sie hielt ihm den Rücken frei, wenn er auf Geschäftsreisen ging. Sie war eine reizende Gastgeberin, wenn er ausländische Kollegen nach Hause einlud. Ihre Urlaube legten sie so, dass Beruf und Freizeit vereinbar waren.

Unerwarteterweise bekamen sie nach sieben Jahren ein zweites Kind. Nun war die Frau voll mit Familie und Haushalt ausgelastet. Der Wiedereinstieg in den Beruf rückte in weite Ferne. Beide bedauerten es, aber da sie schon einige Jahre nicht mehr berufstätig war und er mittlerweile sehr viel mehr verdiente, als sie es je schaffen würde, einigten sie sich darauf, die bisherige Arbeitsteilung beizubehalten. Nach einigen Jahren merkte der Mann, dass seine Frau immer einsilbiger wurde und immer weniger mit ihm sprach. Er vermisste es nicht sonderlich, weil er beruflich sehr engagiert war. Er schob es ihrer Arbeitsbelastung zu und nahm sich vor, es irgendwann anzusprechen. Als die Kinder größer wurden, planten die Eltern einen Urlaub zu zweit. Sie freuten sich sehr darauf. Als sie endlich allein miteinander waren, entdeckten beide zu ihrer großen Bestürzung, dass sie sich nichts mehr zu sagen hatten. Ihr Leben war so sehr um Kinder, Haushalt und Beruf organisiert, dass sie eigentlich nur noch nebeneinander, aber nicht mehr miteinander lebten. Sie hatten sich lange nicht mehr richtig in die Augen geschaut, wenn sie miteinander sprachen. Vieles war so »selbst-redend« geworden, dass sie kein Wort darüber zu verlieren brauchten.

Es war ein Schock, als sie erkannten, dass sie mit ihrem bisherigen Lebenskonzept in einer Sackgasse gelandet waren. Sie merkten beide, dass sie nicht glücklich waren, obwohl alles Äußere stimmte. Ihr bisheriges Leben kam ihnen auf einmal wie eine einzige Lebenslüge vor.

Eigentlich war es aber nicht so, dass sie sich nichts mehr zu sagen hatten. Sie hätten sich sehr viel zu sagen gehabt – wenn sie sich nur die Zeit genommen hätten. Der Mann hatte sich im Bemühen, für seine Familie materiell zu sorgen, in seinen Beruf verrannt, während seine Frau stillschweigend die Mehrbelastung zu Hause ertragen hatte. Sie hätten sich wieder aneinander reiben müssen. Aber sie wussten nicht, wie, ihre Kommunikation war so eingespielt. Auf Anraten eines Freundes begaben sie sich in eine Paarberatung.

Hier entdeckten sie, dass sie nicht einer Lebenslüge aufgesessen waren – ihr bisheriges Leben war über weite Strecken in Ordnung gewesen. Aber irgendwann hatte sich ihr Lebenskonzept *überlebt*, ohne dass sie es merkten. Spätestens nach der Geburt des zweiten Kindes hätten sie sich zusammensetzen müssen, um über ihre Gefühle zu sprechen. Die Frau war eigentlich wütend auf ihren Mann wegen der ungewollten Schwangerschaft. Gleichzeitig fühlte sie sich dem zweiten Kind gegenüber schuldig, weil sie es nicht so willkommen heißen konnte wie ihr erstes. Ihre beruflichen Pläne musste sie seinetwegen aufgeben. Den Groll und die Schuldgefühle hatte sie aber gleich verdrängt. Beides kam nur in ihrem schweigsamen Rückzug zum Ausdruck. Der Mann fühlte sich ebenfalls schuldig, weil er meinte, mit Beruf und Karriere das bessere Los gezogen zu haben. Deshalb ertrug er die Distanz seiner Frau so lange, bevor er es ansprach. Beide waren froh und erleichtert, als sie endlich miteinander über ihre Gefühle und die Diskrepanz zwischen ihren einstigen Träumen und ihrer Alltagsrealität sprechen konnten.

Kollektive Lebenslügen – die Verleugnung des Todes

Wir leben in einer irrsinnigen Welt. Sie ist gekennzeichnet von zum Teil unüberbrückbaren Widersprüchen:

- Noch nie war die Menschheit mit so viel materiellem Reichtum gesegnet, und doch gab es noch nie so viel von Menschen verursachtes Elend.
- Wir verfügen über die technischen Mittel, um die fernsten Ecken unseres Sonnensystems auszukundschaften, aber wir schaffen es nicht, den Hunger auf der Erde abzuschaffen.
- Die Wissenschaft ist heute in der Lage, Leben zu reproduzieren, gleichzeitig bauen wir Waffen, mit denen wir das gesamte Leben auf der Erde auslöschen können.
- Die globale Ausbreitung des westlichen Wohlstandsmodells führt zu einer derartigen Belastung der Umwelt, dass das Ökosystem bereits heute zu kippen beginnt, was zu unübersehbaren Naturkatastrophen führen und gerade diesen Wohlstand dramatisch beschneiden wird.

Wie schaffen wir es, solche Widersprüchlichkeiten auszuhalten? Wieso finden wir keine rationalen Lösungen auf die brennenden Fragen der Menschheit? Vertreter von Politik und Wissenschaft werden nicht müde, uns auf die drängenden Zukunftsprobleme hinzuweisen, ohne dass etwas Entscheidendes geschieht. Wir stoßen

• Wie ein Mensch wirklich ist, erkennt man nicht an seinen Worten, sondern an seinen Taten.

Jim Simkin

hier auf einen Grundwiderspruch zwischen Anspruch und Wirklichkeit, zwischen erklärter Absicht und Tun.

Die Feststellung Jim Simkins von rechts oben könnte uns vielleicht weiterhelfen. Wir mögen uns noch so sehr beklagen über gesellschaftliche Missstände, wenn wir aber nichts dagegen unternehmen, dann bedeutet das: Es ist uns einfach nicht wichtig genug. Die wirklichen Motive eines Menschen erkennen wir nicht an seinen Worten, sondern an dem, was er tut. So gesehen betreiben wir Augenwischerei, wenn wir meinen, wir möchten unsere Welt in intaktem Zustand an unsere Kinder und Kindeskinder übergeben. Es ist eine Form kollektiver Lebenslüge.

Wir können auch nicht die Verantwortung an Politik und Wirtschaft abschieben. Unsere Politiker haben wir selbst gewählt. Die Wirtschaft reagiert minutiös auf das Kaufverhalten der Konsumenten. Das bedeutet, dass wir sehr wohl Wege und Möglichkeiten haben, Einfluss auf die Produktion und Verteilung der Güter auszuüben. In der Art, wie wir einkaufen, uns ernähren, uns kleiden, uns fortbewegen, bauen, unsere Freizeit verbringen usw., kann jeder von uns einen kleinen Beitrag zur ökonomischen und ökologischen Stabilisierung leisten – wenn wir es nur wollen.

Ervin Laszlo, ungarischer Kernphysiker und Gründer des Club of Budapest, eines Zusammenschlusses prominenter Wissenschaftler, Künstler und Politiker, hat einfache Grundsätze aufgestellt, nach denen sich jeder, der etwas für die Welt tun möchte, richten könnte. Hier eine Zusammenfassung seiner Empfehlungen:[20]

- Lebe so, dass du deine grundlegenden Bedürfnisse befriedigst, ohne die Chancen anderer zu beeinträchtigen, ihre grundlegenden Bedürfnisse zu befriedigen.
- Lebe so, dass du das Recht aller Menschen auf Leben und eine gesunde Umwelt respektierst, wo immer diese auch leben.
- Hilf jenen, die nicht so privilegiert leben wie du, dass sie ohne Hunger und Armut existieren können.
- Fordere von deiner Regierung, Beziehungen mit anderen Nationen im Geist des Friedens und der Zusammenarbeit zu pflegen.
- Fördere solche Unternehmen, die umweltschonend produzieren, gerechte Löhne und faire Preise zahlen.
- Tue dich mit ähnlich gesinnten Menschen zusammen.

Diese Grundsätze klingen so eingängig, dass jeder Mensch ihnen beipflichten wird. Das Schwierige liegt in ihrer Umsetzung in die Realität. Hier begegnen wir gleich den ersten persönlichen und sozialen Hindernissen: Wie kann ich so leben, dass die Befriedigung meiner Bedürfnisse nicht die eines anderen beeinträchtigt? Wie verhalte ich mich respektvoll gegenüber anderen Menschen, Tieren und Pflanzen? Auf welche meiner Privilegien bin ich bereit zu verzichten, die ich als Mitglied einer Wohlstandsgesellschaft genieße? Wie kann ich achtsam mit den knappen Ressourcen der Erde umgehen?

Wir stoßen schnell auf persönliche Hürden wie *Gewohnheit* und *Bequemlichkeit*. Gleichzeitig stehen wir vor gesellschaftlichen Schranken: Wie verhalte ich mich als Vegetarier und Nichtalkoholtrinker, wenn ich zu einem Fest eingeladen bin? Was sagt mein Nachbar, wenn ich in meinem Garten ökologische Nischen schaffe? Wie komme ich ohne Auto zur Arbeit, wenn mein Wohnort schlecht an das öffentliche Verkehrsnetz angebunden ist? Bin ich bereit, die Mehrkosten für Ökostrom zu zahlen?

Fortschritt bedeutet Zuwachs an Bequemlichkeit und Effektivität

Die moderne Gesellschaft ist so angelegt, dass wir Fortschritt am Zuwachs an *Bequemlichkeit* messen. Musste man früher noch Wasser vom Brunnen holen, braucht man jetzt nur den Wasserhahn aufzudrehen – aufdrehen ist auch schon zu mühsam, heutzutage kippt man nur leicht an einem Hebel oder tippt auf einen Knopf. Es wird damit körperliche Arbeit gespart (was unter anderem zur Folge hat, dass wir aus lauter Bewegungsmangel Fitness betreiben müssen). Das wirklich Problematische dabei ist, dass wir die Bequemlichkeit mit einem Verlust an persönlicher Bezogenheit bezahlen: Ich weiß nicht mehr, woher das Wasser kommt, wenn ich den Hahn aufdrehe – wir verlieren den Bezug zu den Dingen, mit denen wir tagtäglich umgehen. Wir verlieren aber auch die sozialen Kontakte, die früher bei der Verrichtung von Alltagstätigkeiten von selbst entstanden: Wenn ich meine Post, Einkäufe und Überweisungen am PC erledige, begegne ich keinem Verkäufer, Post- oder Bankangestellten mehr. Wenn ich mich am Fitnessgerät abstrample, habe ich kein sportliches Gegenüber mehr.

Die Begegnungen von Mensch zu Mensch werden immer mehr von Mensch-Maschinen-Verhältnissen ersetzt, in denen wir vor einer Maschine sitzen und diese bedienen, egal, ob es sich um ein Fitnessgerät, einen PC, einen Fernseher, ein Handy, ein Auto oder eine Waschmaschine handelt. Bei diesen Verrichtungen sind wir gezwungen, uns immer maschinenhafter zu verhalten: Wenn ich Auto fahre, darf ich Gas- und Bremspedal nicht verwechseln, sonst gibt es ein Unglück. Wenn ich eine E-Mail verschicke, darf ich keine falsche Taste drücken, sonst ist sie leicht gelöscht.

Fortschritt bedeutet neben der Bequemlichkeit vor allem *Effektivität*. Im Physikunterricht haben wir gelernt: Leistung = Arbeit geteilt durch Zeit. Da es beim technischen Fortschritt vor allem darum geht, so viel menschliche Arbeit wie möglich durch Maschinen zu ersetzen, muss immer mehr und immer schneller produziert werden. Dies können Maschinen am besten. Der Mensch stellt hier eher einen hemmenden Faktor dar: Er ermüdet, braucht sein freies Wochenende und seinen Urlaub, wird krank oder schwanger. Daher werden Menschen immer mehr von Maschinen ersetzt: Zunächst waren es diejenigen, die körperliche Arbeiten verrichten, heute sind es zunehmend jene, die geistige Arbeit tun – intelligente Roboter machen's möglich. Der Mensch wird mehr und mehr überflüssig. Wenn er aber arbeits- und mittellos wird, ist er sowohl als Produzent als auch als Konsument unbrauchbar. Massenhafte Verelendung ist die Folge. Hierin hat der Marxismus mit seiner Kapitalismuskritik Recht.

Die Verelendung hat zuerst die Dritte Welt, vor allem Afrika, erfasst. Heute sind zunehmend die Industrieländer betroffen, in denen zigtausende von Arbeitsstellen wegrationalisiert werden. Der solchermaßen aus seinen sozialen und arbeitsmäßigen Bezügen hinausgedrängte Mensch sehnt sich nicht nach Arbeitsentlastung, er sucht vielmehr verzweifelt nach Arbeit, damit er schlicht existieren kann. Seines Platzes in der Gesellschaft beraubt, ist er ein Niemand geworden. Darüber können Menschen verrückt werden. Sie drehen durch, werden gewalttätig oder radikalisieren sich in ihrer politischen Einstellung.

Entfremdung und existenzielle Angst

Diesen schleichenden Vorgang können wir als »Entfremdung« bezeichnen: Wir entfremden uns körperlich und geistig von uns selbst. Wir entfremden uns von unserer sozialen und natürlichen Umwelt. Wir entfremden uns vom Produktionsprozess. Das Wort »Entfremdung« stammt ursprünglich aus dem Marxismus. Es beschreibt den Prozess der kapitalistischen Produktion und deren Auswirkung auf das Bewusstsein des Menschen. Im erweiterten Sinne verstehen wir darunter auch die Entwurzelung des Menschen und dessen »Unbehaustsein« in der modernen Zivilisation. »Unbehaustsein« bedeutet Heimatlosigkeit, Ungeborgenheit, Einsamkeit. Sein Ergebnis ist die existenzielle Angst des modernen Menschen.

Die Erziehungswissenschaftlerin Marianne Gronemeyer sieht in ihrem bemerkenswerten Buch *Das Leben als letzte Gelegenheit*[21] die Angst vor dem Tod als Grundlage für die existenzielle Angst des modernen Menschen. Die Illusion von der perfekten Maschine ist zugleich die Illusion der Überwindung der kreatürlichen Unzulänglichkeit des Menschen. Die Neuzeit brach mit dem Entsetzen über den massenhaften Tod an, den die Pest im 14. Jahrhundert über Europa gebracht hat. Die Todesangst katapultierte den Menschen aus seinem kindlichen Glauben an einen gnädigen Gott und seiner Eingebundenheit in das Universum. Er stand auf einmal alleine da.

Aber der Mensch verfügt über einen wachen Verstand, mit dessen Hilfe er versucht, die Kontrolle über die Natur und sich selbst als Teil der Natur zu gewinnen. Er versucht, eine »schöne neue Welt«[22] aufzubauen, aus der alles Schreckliche, Hässliche und Unwürdige für immer verbannt ist. Der Versuch, den Tod aus dem Leben zu eliminieren, führt zu solch phantastischen Ideen wie das Klonen von Menschen und die Manipulation ihrer genetischen Anlage. Menschen lassen sich einfrieren in der Hoffnung, eines schönen Tages auferweckt zu werden, wenn die Wissenschaft den Menschen unsterblich gemacht hat. Hier erkennen wir ganz deutlich das Streben nach gottähnlicher Allmacht und Unsterblichkeit.

Sicherheitswahn

In unserer existenziellen Angst versuchen wir uns gegen jedes erdenkliche Unglück abzusichern. Es gibt nichts, wogegen man sich nicht versichern lassen kann. Kranken-, Lebens-, Renten-, Invaliden-, Berufsunfähigkeits-, Hausrat-, Feuer-, Wasserversicherungen gaukeln uns ein trügerisches Gefühl von Sicherheit vor: »Hast du keine Angst vor der nächsten Flut?« – »Nein, ich bin ja wasserversichert.« »Hast du keine Angst vor dem Tod?« – »Nein, ich bin ja lebensversichert.« Absurd!

Natürlich sind wir weder vor Naturkatastrophen noch vor Krankheit und Tod geschützt. Dass wir im Falle eines Falles aber den Schaden durch Geld ersetzt bekommen, scheint uns ungemein zu beruhigen. In unserer materialistischen Welt scheint Geld das einzig Sichere zu sein. Es ist, als würden wir uns mit Geldscheinen nach allen Seiten abpanzern wollen – ein vergeblicher Versuch, wie uns Dagobert Duck, die reichste Ente der Welt, in jedem Comic neu demonstriert. Selbst wenn die Versicherung den materiellen Schaden eines Unglücks ersetzt, das Leid, der Schmerz, die Trauer, die eine schwere Krankheit, der Tod eines geliebten Menschen oder das berufliche Aus mit sich bringen, werden dadurch nicht geringer. Wie kann Geld Gesundheit, Glück, Leben oder das Recht auf Arbeit aufwiegen?

Mit Geld kann man sich materielle Bequemlichkeit beschaffen, das ist wahr. Wenn wir uns in der Luxuslimousine zum Luxushotel chauffieren lassen, gaukelt uns das hochwertige Ambiente und der tadellose Service eine Art Schlaraffenland vor, in dem uns nichts Schlimmes passieren kann. Das Gegenteil ist der Fall. Je höher der Technisierungsgrad einer Zivilisation ist, desto empfindlicher wird sie gegen Störungen. Allein der Stromausfall in einem kleinen Elektrizitätswerk kann über eine Kettenreaktion eine ganze Metropole wie New York lahm legen. Der Terroranschlag auf das World Trade Center in demselben New York am 11. September 2001 hat uns vor Augen geführt, wie fragil die künstlichen Lebenswelten sind, die wir uns aufgebaut haben. Selbst in den teuersten Büros können uns Tod und Vernichtung ereilen.

Wir haben in diesem Buch immer wieder gesehen, dass das, was wir verdrängen, nie ganz verschwindet, es kehrt durch die Hintertür stets zurück. Oft bewirken unsere menschlichen Bemühungen gerade das Gegenteil dessen, was wir gewollt haben: Wenn die reichen Industrieländer sich abzuschotten versuchen gegen das Elend aus anderen Erdteilen (an dessen Entstehung sie maßgeblich beteiligt sind), werden sie von Terror heimgesucht – Terror ist die Gewalt der Machtlosen, eine Antwort auf die strukturelle und militärische Gewalt von Seiten der etablierten Staaten. Im Versuch, von der körperlichen Arbeit befreit zu werden, haben wir uns abhängig von Maschinen gemacht und sind gänzlich hilflos, wenn sie ausfallen. Wenn die Intensivmedizin Menschen auf Teufel komm raus am Leben zu erhalten versucht, bleiben Patienten zwar physisch durch apparative Unterstützung am Leben, sie sind aber aller wesentlicher menschlicher Regungen beraubt. Man fühlt sich erinnert an Science-Fiction-Filme, in denen mit maschinellen Ersatzteilen ausgestattete Menschen-Roboter ihr Unwesen treiben.

Das Leben als letzte Gelegenheit

Alles hat seinen Preis. Der Preis, den der moderne Mensch zahlt, ist die *Sucht*. Mit ihr versucht er seine innere Leere zu vergessen. Es gibt substanzgebundene Süchte wie Nikotin, Alkohol und andere Drogen, doch die nicht an Substanzen gebundenen Süchte wie Fernsehen, Internet, Pornographie, Arbeit, Einkaufen usw. nehmen immer mehr zu. Es kann buchstäblich alles, was uns eine momentane

Befriedigung verschafft, zum Suchtmittel werden, sobald wir es ge-(miss-)brauchen, um einem inneren Konflikt auszuweichen. Um aus einem sinnentleerten Leben auszubrechen, suchen wir nach möglichst vielen Außenreizen – auf der Jagd nach Highlights versuchen wir uns zu vergessen. Dabei bedienen wir uns wieder der Maschinenwelt. Es sind dabei vor allem zwei Dinge, die uns faszinieren: die visuellen Medien und die maschinelle Fortbewegung.

Das *Fernsehen* stellt heutzutage das verbreitetste Suchtmittel dar. Dabei bedient es sich eines einfachen Mechanismus: Unsere Aufmerksamkeit wird durch visuelle Bewegungen geweckt und aufrechterhalten. Dieser Reflex war wichtig zu einer Zeit, in der wir als Jäger und Sammler ständig auf der Hut vor elementaren Gefahren sein mussten. Ein Fernsehbild steht nie lange still. Durch ständige Schnitte und Kameraschwenks wird eine künstliche Erregung in uns erzeugt, die uns stundenlang an den Bildschirm fesselt. Bliebe eine Einstellung für eine oder zwei Minuten unverändert, würde unsere Aufmerksamkeit unweigerlich sinken – sofort beginnen wir nervös mit der Fernbedienung zu »zappen«, auf der Suche nach neuen aufregenden Bildern.

Am liebsten lassen wir uns aber *beschleunigen*: Nichts fasziniert uns mehr als die Möglichkeit, Raum und Zeit zu überwinden oder zumindest auszutricksen: durch immer schnellere Verkehrsmittel und die moderne Kommunikationstechnik. Beides gaukelt uns vor, zur gleichen Zeit an verschiedenen Orten sein zu können. Es ist jedoch nur eine Flucht vor uns selbst. Mit Hilfe des Automobils und des Flugzeugs lassen wir uns in kürzester Zeit ganz weit weg katapultieren, in der Hoffnung, der Leere des Hier und Jetzt zu entfliehen. Das Aufregende, Sensationelle ereignet sich immer gerade dort, wo wir nicht sind – das »richtige« Leben findet angeblich immer woanders statt. Dort müssen wir unbedingt hin. Daher befinden sich so viele Menschen am Wochenende, wenn sie frei haben, im Stau auf der Autobahn. Unterwegssein wird zum Lifestyle. Der Mensch, der unterwegs ist, wird zum Symbol der Postmoderne.

Das Wort »geil« beschreibt das Lebensgefühl des modernen Menschen am deutlichsten. Nur der extreme Nervenkitzel ist imstande, unsere existenzielle Leere und Lebensangst zu verdecken. Das Leben als letzte Gelegenheit, als Sonderangebot – ein Symbol unserer Angst, etwas zu versäumen. Auch hier tut sich uns ein Paradoxon auf: Das ständige Unterwegssein nimmt uns gerade das, wonach wir suchen: das Leben, die Lebenszeit. Wir sind manchmal tagelang unterwegs, um für ein paar kurze Augenblicke bei einem »Event« dabei zu sein. Die Stunden und Tage des Unterwegsseins, in denen wir nicht wirklich da sind, sind der Preis für das High-Erlebnis, das wir verspüren. Dazu kommt das Phänomen, dass die eigentliche Welt umso mehr verschwindet, je mehr wir nach ultimativen Erlebnissen gieren. Denn gerade die Beschleunigung macht unsere Erfahrungen immer oberflächlicher. Die Qualität der Erfahrung erstickt an der Quantität.

Wir haben noch nicht begriffen, dass mit jeder Beschleunigung ein Verlust an Erleben verbunden ist. Das Leben vollzieht sich im Kontinuum, dem Fließen eines Stromes vergleichbar. Der moderne Mensch zerhackt den Fluss der Zeit jedoch in lauter kleine Stücke. Eine endlose Aneinanderreihung von Highlights ergibt aber noch lange nicht das eigentliche Leben. Das Leben hat seinen eigenen Rhythmus, sein immanentes Ein- und Ausatmen, Wachsen und Vergehen, Ebbe und Flut. Leben lässt sich nicht forcieren, nicht auf Videos verewigen, nicht einfrieren oder rückwärts drehen. Tiefe Erfahrungen, die bis in unseren Wesenskern dringen, können wir nur machen, wenn wir uns die Zeit und die Muße nehmen, uns dafür zu öffnen. Dann brauchen wir keine Reizüberflutung – eine kleine Wolke am Himmel oder der Gesang eines Vogels genügt, um uns zu berühren. Das Leben findet hier und jetzt statt, dort, wo wir gerade sind. Dies ist im Grunde der Sinn jeder meditativen Übung: uns wieder für das Hier und Jetzt zu öffnen.

Tod und Vergänglichkeit müssen wieder einen Platz in unserem individuellen und sozialen Leben finden. »Geburt, Altern, Krankheit, Tod« nennen die Chinesen die vier unvermeidlichen Wahrheiten des Lebens. Wir sind nackt geboren. Wir werden eine Zeit lang leben. Dann werden wir sterben. Alle Lebewesen sind in diesen Kreislauf des Lebens eingebunden. Keiner kann ihm entrinnen. Diese existenzielle Wahrheit wird keine noch so raffinierte Technik beseitigen können – alles andere wäre eine Lebenslüge. Im Grunde wissen wir das alle. Keiner glaubt ernsthaft daran, dass er Krankheit, Altern und Tod aufhalten kann. Das Tragische ist nur, dass wir eine Unmenge an Lebenszeit, Energie, Geld, Wissenspotenzial und natürlicher Ressourcen verschwenden, um uns vorzumachen, wir könnten uns dagegen absichern. Es ist eine gigantische Vergeudung, eine vergebliche Flucht vor uns selbst. Statt dieser Illusion nachzujagen, sollten wir uns der alten Rituale besinnen und neue finden, mit denen wir der existenziellen Bedeutung von Geburt, Aufwachsen, Altern und Sterben gerecht werden, damit wir sie wieder ins Leben integrieren, statt sie auszuschließen. Wir können die Lebenszeit, die uns zur Verfügung steht, dankbar annehmen und genießen, im Bewusstsein ihrer Endlichkeit.

Auf der gesellschaftlichen Ebene ist es an der Zeit, dass wir die Ideologie des Wachstums endlich in Frage stellen: Ist es sinnvoll, immer mehr Dinge zu produzieren, die eigentlich niemand braucht? Eine Werteverschiebung ist dringend notwendig, um vom Prinzip der Gewinnmaximierung und des Shareholder Value (dem Aktienkurs einer Firma) zur ökologischen Nachhaltigkeit und sozialen Gerechtigkeit umzusteigen.

Die verwundete Schönheit

Die Vergötterung der Schönheit

Es gibt im Zusammenhang mit der kollektiven Verleugnung des Todes, die im vorigen Kapitel thematisiert wurde, ein besonderes Phänomen: die Vergötterung der Schönheit. Dies ist eines der hervorstechendsten Merkmale unseres postmodernen Zeitalters. Fitnessstudios, Sonnenstudios, Schönheitsoperationen, Schlankheitskuren – sie zielen alle auf etwas, das wir »*Schönheitssucht*« nennen könnten. Wir möchten alle attraktiv, schlank, jugendlich, cool aussehen, egal wie wir von der Natur ausgestattet sind, egal wie alt wir sind. Mollig zu sein, es sich gemütlich zu machen ist out. Das Idealbild des fitten, athletischen Körpers passt genau zum Beschleunigungswahn, dem wir verfallen sind. Dafür nehmen Menschen unvorstellbare Torturen auf sich. Die stundenlange Wiederholung mechanischer, maschinendiktierter Bewegungen am Fitnessgerät, schmerzliche chirurgische Eingriffe am gesunden Körper, strengste Hungerdiäten nehmen wir in Kauf, um schöner auszusehen. Dass die Bulimie, die Ess-Brech-Sucht, zur Modekrankheit geworden ist, zeigt genau die beiden Tendenzen: das verzweifelte Ringen um eine ideale Figur und der süchtige Heißhunger, der die innere Leere, das innere Loch auszufüllen versucht.

Was uns innerlich fehlt, versuchen wir außen zu formen. Wie wir von Natur aus gebaut sind, lehnen wir kategorisch ab. Wir versuchen unseren Körper wie ein Stück Lehm in eine Idealform zu pressen. Das ist das eigentlich Krankhafte an unserem modernen Narzissmus. Es ist nicht die Wertschätzung des Schönen, was neurotisch ist, es ist die Ablehnung des eigenen Körpers, die uns so schmerzt und demütigt. Wir schämen uns unseres eigenen Körpers, mit diesem lehnen wir natürlich auch unsere Eltern und Vorfahren ab, da wir ihnen nachgebildet sind. Es ist ein tiefer *Selbsthass*, der sich hinter der Schönheitssucht verbirgt. Mit jedem Gramm, das wir uns abhungern, mit jeder Falte, die wir uns glätten lassen, mit jedem Fettpolster, das wir uns absaugen lassen, hämmern wir unserem Körper die Botschaft ein: »Ich hasse dich, ich hasse mich. So, wie du bist, will ich dich nicht haben.«

Michael Jackson liefert hierfür ein gespenstisches Beispiel. Auf seinen Jugendfotos sieht man einen freundlichen afroamerikanischen Jungen, auf den heutigen eine frankensteinähnliche Fratze. Und dieses Monster hat er selbst erschaffen. Michael Jacksons gibt es heute überall. Sie fallen vielleicht nicht sofort auf, aber an ihrem uniformen Outfit, an ihren nach der neuesten Mode gestylten Frisuren und an der Unerbittlichkeit, mit der sie der aktuellen Schönheitsnorm zu entsprechen versuchen, kann man sie erkennen.

Es ist tatsächlich ein unerbittlicher Kampf, den diese Menschen gegen den eigenen Körper führen, ja führen müssen. Denn der Körper gehorcht seinen eigenen Gesetzen. Er ist so gebaut, wie es seinem Alter und seiner Veranlagung entspricht. Jeder Mensch hat seinen eigenen Muskeltonus, seine eigene Fettverteilung, seine eigene Behaarung. Jedes Mal, wenn man versucht, seinen Körper in eine bestimmte Richtung zu manipulieren, fällt er binnen kurzer Zeit wieder in die alte Form zurück. Er ist, wie er ist. Dagegen muss der Schönheitssüchtige ständig ankämpfen. Dann kommen noch die altersbedingten Veränderungen dazu. Wenn ein Mädchen in die Pubertät kommt, tauchen einfach Pickel und weibliche Rundungen auf, auch wenn das Schönheitsideal eine makellose Haut und eine knabenhafte Figur vorschreibt. Wenn man in die Dreißiger kommt, erscheinen nun einmal die Geheimratsecken und der Bauchansatz. Ein 40-Jähriger kann nicht wie ein 20-Jähriger aussehen, egal, ob er sich liften lässt oder nicht. Es ist wie ein Kampf gegen Windmühlen.

Das Wahre ist nicht immer schön

Das Schöne an sich ist durchaus etwas Schätzenswertes. Schönheit gilt seit alters her als Zeichen des Guten und Reinen. In allen Kulturen wird das Schöne verehrt und angebetet, es war schon immer Grundlage und Ziel der Kunst. Die deutsche Klassik stand im Geist des »Guten, Schönen, Wahren«. Aber ist die Schönheit immer gut, ist sie immer wahr? »Das Schöne in der Kunst ist immer wahr, das Wahre aber nicht immer schön.« Diesen Satz prägte ausgerechnet Ernst Rietschel, der Bildhauer, der das Goethe-Schiller-Denkmal vor dem Nationaltheater in Weimar schuf, das eben »dem Guten, Schönen, Wahren« geweiht war.

»Das Wahre ist nicht immer schön« – wir können den Satz auch so umdeuten: »Das Wahre braucht nicht schön zu sein.« Nicht jeder kann schön sein und nicht jeder braucht schön zu sein. Wenn wir mit uns selbst einverstanden sind, wenn wir mit unserem Leben zufrieden sind, können wir auch mit Würde zu unserem Aussehen stehen. Dann brauchen wir auch nicht zu befürchten, wegen unseres Aussehens keinen Partner oder keine Partnerin zu finden. Wenn man sich Paare genauer anschaut, dann stellt man häufig fest: Die glücklichen Paare passen auch äußerlich zueinander. Da es auf der Welt Menschen in allen möglichen körperlichen Ausprägungen gibt, findet man immer jemanden, der äußerlich zu einem passt. Wir müssen nur offen dafür sein, dass wir jemanden finden und dass wir auch gefunden werden. Christian Morgenstern hat es sehr einfach formuliert: »Schön ist eigentlich alles, was man mit Liebe betrachtet.«[23]

Wenn wir jedoch mit unserem Aussehen hadern und meinen, wir seien nicht schlank oder nicht attraktiv genug, um überhaupt einen Partner zu finden, dann könnte sich unser negatives Selbstbild tatsächlich bestätigen. Wie eine selbsterfüllende Prophezeiung verhalten wir uns so schamhaft und geben uns so unscheinbar, dass wir wirklich von keinem gesehen werden.

Wie geht es schönen Menschen mit ihrer Schönheit?

Nun richten wir einmal den Blick auf die Menschen, die nach unseren herkömmlichen Maßstäben als schön gelten. Wie geht es ihnen mit ihrem Aussehen? Sind sie stolz darauf? Sind sie sich überhaupt bewusst, dass sie etwas besitzen, worum viele sie beneiden? Sie müssten doch die glücklichsten Menschen sein, da ihnen alle Türen offen stehen. Ihnen liegt doch die ganze Welt zu Füßen. Sie können sich unter ihren zahllosen Verehrern die Attraktivsten und Reichsten zum Partner aussuchen. Sie haben doch den Platz an der Sonne abonniert.

All dies sind meist nur Projektionen. Es gibt schöne Menschen, die glücklich sind. Es gibt ebenso welche, die unglücklich sind. Von den vielen Leinwandidolen aus der Anfangszeit des Kinos gibt es nicht wenige, die kein glückliches Leben geführt haben. Marilyn Monroe war die Bekannteste unter ihnen. Sie war unehelich geboren, wurde früh sexuell missbraucht, hat nach Berichten ihres Hausarztes x-mal abgetrieben, war tablettenabhängig und starb nach mehreren Scheidungen und zahlreichen Affären, unter anderem mit John F. Kennedy und Robert Kennedy, frühzeitig, wahrscheinlich durch Selbstmord. Nach allem, was wir über sie wissen, hat sie zeitlebens nach Liebe gesucht. Es gab zwar Menschen, die sie liebten, unter anderem ihr erster Ehemann, aber sie konnte nie ganz bei einem bleiben.

Ihr Schicksal wirft ein Schlaglicht auf den Lebensweg vieler schöner Menschen. Ich habe in der Praxis Menschen gesehen, bei denen ich beim ersten Treffen dachte, sie hätten sich in der Tür geirrt. Sie sehen so strahlend aus, dass ich mir kaum vorstellen kann, sie hätten Probleme und bräuchten einen Psychotherapeuten. Sie machen einen blendenden Eindruck, nehmen ihr Gegenüber sofort für sich ein. Man kann sich gleich vorstellen, dass ihnen alle Türen offen stehen. Wenn ich meine Verwunderung überwunden habe und mich mit ihnen hinsetze, beginnen sie über sich zu erzählen. Dann kommen Geschichten zum Vorschein, die nachdenklich stimmen. Es sind Geschichten von misslungenen Partnerschaften, von vielen oberflächlichen Kontakten, aber keinen längeren oder tieferen Beziehungen. Immer wieder ist die Rede von Menschen, die sie ausnutzen und danach fallen lassen. Und wenn sie endlich einen Menschen gefunden haben, der es ernst mit ihnen meint, ziehen sie seine Liebe in Zweifel.

Ein tiefgründiges Misstrauen und Verunsicherung kommen zum Vorschein. Diese attraktiven Menschen sind seit Kindheit gewohnt, dass ihnen die Herzen zufliegen. Aber sie wissen nie, ob sie ihrer Schönheit oder ihrer selbst willen geliebt werden. Nicht selten haben sie als Kinder erlebt, dass ihre emotionalen, körperlichen oder sexuellen Grenzen verletzt worden sind von Erwachsenen, die entzückt von ihnen waren und sie für sich vereinnahmten, sei es als Objekt der Bewunderung (»Haben Sie aber ein süßes Kind!«), sei es als Objekt der Begierde. Sie wurden wie Schmuckstücke in der Verwandtschaft und im Freundeskreis herumgereicht und ähnlich wie Schmuck dienten sie der narzisstischen Geltungssucht ihrer Gastgeber. Kein Wunder, dass sie bald Zweifel an den Komplimenten ihrer Umwelt bekamen.

Gleichzeitig regte sich Zweifel an ihrem eigenen Wert, an der eigenen Echtheit. Im Grunde haben sie sich nie als etwas Besonderes gefühlt. Sie haben sich nie als besonders schön empfunden, eher als gewöhnlich, ohne besondere Meriten. Alle äußeren Attribute, die sie in den Augen anderer Menschen so beneidenswert erscheinen lassen, sind ihnen selbst nicht viel wert. Sie fühlen sich für etwas gelobt und bewundert, für das sie persönlich nichts können – es war ihnen angeboren. Sie haben nicht das Gefühl, sie hätten die Zuwendung der anderen wirklich verdient. Da aber alle Welt so von ihnen begeistert ist, kommen sie sich wie Falschspieler oder Falschgeld vor – sie haben Angst, eines Tages entlarvt zu werden, der Maskerade überführt zu werden.

Tatsächlich erleben sie immer wieder, wie ein glühender Bewunderer sich enttäuscht abwendet, nachdem er ihnen nahe gekommen ist. Dann merkt er nämlich, dass dieses Juwel von einem Menschen eigentlich auch nur ein Normalsterblicher ist. Nach der anfänglichen Idealisierung kommt dann die Kehrseite der Medaille, die *Abwertung* und *Verachtung*: »Ach, du bist ja gar nicht so toll, wie du erscheinst. Du hast mir was vorgemacht! Ich habe dich immer als den Gipfel der Schönheit, die Vollendung der Erotik gesehen. Jetzt entpuppst du dich als eine ganz normale, langweilige Frau! Du hast mich getäuscht! Schämst du dich eigentlich nicht? Merkst du nicht, dass du der ganzen Welt etwas vormachst?«

Verlust des wahren Selbst – Aufbau des falschen Selbst

In Wirklichkeit ist die derart beschimpfte Person nur Opfer der narzisstischen Projektion ihres Verehrers gewesen. Geblendet durch ihre Schönheit, hat er etwas in sie »hineingesehen« (projiziert), was sie ihm nie versprochen hat. Es sind eigentlich *seine* Wünsche, *seine* Bedürfnisse, *seine* Ideale, die er ihr aufgedrückt hat. Und nun, da sie seinen Projektionen nicht entspricht, wendet er sich enttäuscht ab. Sie fühlt sich benutzt, ausgelutscht und wieder ausgespuckt. Gleichzeitig beginnt sie an sich und ihrer eigenen Beziehungsfähigkeit zu zweifeln: Bin ich wirklich so eine Lügnerin, wie er mich sieht? Sie hat sich nicht ungerne mit den Idealen, die in sie hineinprojiziert wurden, identifiziert. Da sie von allen Seiten Komplimente hörte, hat sie irgendwann angefangen, ihnen zu glauben. Sie begann sich selbst mit den Augen der anderen zu betrachten, bis sie irgendwann wirklich glaubte, dass sie vielleicht doch eine ganz wunderbare Person sei (auch wenn sie es tief drinnen nicht spürte). Irgendwann sah sie im Spiegel nicht mehr sich, wie sie wirklich ist, sondern nur *das falsche Selbst*, das ihr die Umwelt eingeimpft hat. Ihr eigentliches Selbst, *das wahre Selbst,* ist verschwunden. Ab diesem Moment ist sie zu einer Maske ihrer selbst geworden. Sie läuft nur noch geschminkt und kostümiert herum. Sie ist eine brillante Darstellerin ihrer selbst geworden. Rolle und Person verschmelzen zu einer Einheit. Die Maske klebt nun fest, sie lässt sich nicht mehr abnehmen.

Insofern stimmt der Vorwurf des Verehrers doch – sie hat es zugelassen, für etwas bewundert zu werden, das sie nicht ist. Sie hat nicht dagegen protestiert, sie hat sich nicht gegen das süße Gift der Bewunderung gewehrt. Sie hat so getan, als sei sie wirklich die wundervolle Person, als welche sie angesehen wird. Nun kann sie nicht mehr zugeben, dass sie doch nicht die war, als die sie sich ausgibt. Sie hat ihren Teil in der Täuschung und Selbsttäuschung gespielt. Sie hat sich verführen lassen und wurde dabei selbst zur Verführerin. Eigentlich haben beide miteinander Theater gespielt: Sie war die schöne Prinzessin, er der Königssohn, der sie erobert. Aber bewundern kann man eine Prinzessin nur aus der Ferne. Aus der Nähe betrachtet ist sie eine ganz normale Person, besonders wenn man Tisch und Bett miteinander teilt. Dann passen die schwarzen Ränder unter den Augen und die Lockenwickler nicht mehr zu der Königstochter, die einst in Samt und Seide daherkam. Dann endet das Theater. Für den realen Alltag sind beide nicht geschaffen.

Je mehr ich diesen schönen Menschen in der Therapie zuhöre, desto mehr erkenne ich, dass innerhalb dieser Hülle – einer Hülle, die die Betreffenden leider nicht so ablegen können wie Schmuck oder Schminke – unglückliche, verkannte und in dieser Verkanntheit oft missverstandene und missbrauchte Individuen stecken. Und wie ich beginne, die innere Geschichte dieser Personen zu verstehen, blättert die äußere Hülle ab und offenbart die darunter liegenden Schichten der Scham, die immer die Begleiterin unverhältnismäßigen Stolzes ist. Erfahrungen innerer Not und des Unverstandenseins, grenzenlose Einsamkeit, wenn man alleine bei sich ist, die sich jäh abwechselt mit plötzlichem In-die-Öffentlichkeit-Geschobenwerden, glänzen müssen, lächeln müssen, Glamour, Performance. Ich begreife, wie es ist, wenn man der ganze Stolz der Eltern und des ganzen Clans ist, Vorzeigeobjekt, Objekt der Begierde und des

Neides. Von der Normalbevölkerung bewundert, zugleich aber von ihr ehrfürchtig gemieden – zu schön, um berührt zu werden.

Ich erfahre auch vom Preis der Schönheit: endlose Schlankheitsdiäten, Fastenkuren, die sich bis zur Bulimie steigern. Selbstkasteiungen, um diesen widerspenstigen Körper, der sich als unbezähmbar und unberechenbar erweist, der Falten wirft und gerade an den falschen Stellen zu dick oder zu dünn ist, in den Griff zu bekommen. Und da die äußere Hülle so vergöttert, ja angebetet wird, merkt der Betreffende nicht, dass sich die Seele klammheimlich davongemacht hat: Verlust des Selbst.

Allerleirauh

Wenn wir uns in der Therapie auf die Suche nach dem verloren gegangenen wahren Selbst machen, merken wir, dass dieses eigentlich nicht richtig abhanden gekommen ist. Es hat sich nur ganz tief drinnen versteckt – wie Allerleirauh, die Königstochter aus dem Grimm'schen Märchen, die, weil sie so schön geworden war wie ihre verstorbene Mutter, vom Vater begehrt wurde – auch hier das Thema Missbrauch – und vor ihm auf Distanz gehen musste. Sie schob die Hochzeit hinaus mit dem Wunsch nach Kleidern so schön wie die Sonne, der Mond und die Sterne, in der Hoffnung, dass diese lange Zeit brauchten, um genäht zu werden. (Die Kleider stellen hier das Sinnbild blendender Schönheit dar.) Als letztes Kleidungsstück wünschte sie sich aber einen Mantel aus dem Pelz von allen Tieren des Reiches. Als dieser vollendet war und mit ihm die letzte Bedingung für die Hochzeit erfüllt war, hüllte sie sich darin ein und verschwand in den tiefsten Wald – ein Sinnbild der geschundenen, missbrauchten Seele, die vor lauter Scham aus den Augen der Welt verschwindet.

Der Vater aber, ihr Bräutigam, fand sie auf der Jagd. Aber nun war sie hässlich wie ein Tier, pelzig am ganzen Körper. Er schleppte das Ding nach Hause, wo es als Küchenmagd dienen musste wie einst Aschenputtel. Der König ließ sie stets abends zu sich kommen, ließ sich die Stiefel von ihr ausziehen und warf sie ihr an den Kopf (Sinnbild der Verachtung). Dann aber tauchte sie auf seinen Bällen auf, in den kostbaren Kleidern, die sie einst von ihm geschenkt bekommen hatte (Sinnbild der Idealisierung). Sie entfloh ihm – wie Aschenputtel seinem Prinzen –, schlüpfte wieder in ihren hässlichen Pelz und brachte ihm die Suppe, in die sie aber die Geschenke legte, die er ihr einst gemacht hatte – einen goldenen Treuering, ein goldenes Spinnrad und einen goldenen Haspel, allesamt weibliche Symbole. Er stellte sie dreimal zur Rede, sie antwortete aber immer nur: »Ich bin nichts als ein armes Kind, dem Vater und Mutter gestorben sind, habe nichts und bin zu gar nichts gut, als dass die Stiefel mir um den Kopf geworfen werden.«

Mit diesem Satz prüfte die Tochter, die nun zur Frau geworden war, ihren Vater-Bräutigam, ob er sie auch lieben würde, wenn sie nichts von den kostbaren Kleidern anhatte, wenn sie nur ein armes, verwaistes Kind war, so, wie sie sich im Grund ihrer Seele sah. Sie konfrontierte ihn auch mit seiner Missachtung, mit der er ihr die Stiefel um die Ohren warf. Es ist die gleiche Prüfung, die jeder wegen seiner Schönheit geliebte Mensch seinem Verehrer unterzieht, um sicher zu sein, ob dieser ihn wirklich als Person meint oder ob er nur dem schönen Schein nachläuft. Erst als der König sich nicht mehr vom hässlichen Pelz beirren ließ, gab sich die Frau zu erkennen.

Allerleirauh ist eine äußerst widersprüchliche Geschichte – inzestuöses Begehren auf der einen, tiefste Scham auf der anderen Seite. Es ist aber auch die Geschichte einer allmählichen Annäherung zwischen zwei Liebenden, die sich gerade aufgrund dieser verbotenen Liebe (im Märchen empfand die Tochter das Begehren ihres Vaters anfangs als »gottlos«) über viele Zwischenstationen und Umwege vollziehen musste. Interessant in unserem Zusammenhang sind die gegensätzlichen Kleider, die das Mädchen anlegte: hier die kostbaren Gewänder, dort der hässliche Pelz. So widersprüchlich müssen sich schöne Menschen fühlen. Sie kleiden sich manchmal in den glänzenden Farben, wie sie von ihren Verehrern gesehen werden. Aber auf dem Grund ihrer Seele fühlen sie sich so hässlich wie ein Tier, das sich in den dunkelsten Wald verkriechen möchte.

An dieser Stelle finden wir eine unerwartete Parallele zwischen Menschen, die von ihrer Umwelt als schön gesehen werden, und Menschen, die von ihr als hässlich wahrgenommen werden. Bei beiden ruft das *Verkanntwerden* eine tiefe Scham hervor: Die einen fühlen sich von ihrer Umgebung zu Unrecht verehrt, die anderen zu Unrecht verachtet. Paradoxerweise schämt sich der Schöne darüber, dass er sich im Grunde hässlicher fühlt, als er wahrgenommen wird, während der Hässliche es nicht wagt, sich in seiner inneren Schönheit und Reinheit zu zeigen. Es mag für die meisten Menschen überraschend sein zu erkennen, dass schöne Menschen unter ihrer Attraktivität leiden. Aber gerade das ist die Brücke zu ihnen. Nur über den hässlichen Pelz kann man eine nahe, intime Beziehung zu einem schönen Menschen aufbauen. Eine schöne Frau hat mir einmal anvertraut, dass sie zwar viele Liebhaber habe, aber nur wenn ein Mann wirklich zärtlich und einfühlsam sei, könne sie sich öffnen.

Der Fluch der Schönheit

In einer Hinsicht haben es schöne Menschen weniger schönen gegenüber schwerer. Für Letztere geht es in der Therapie darum, die Kränkung, die sie durch die Verachtung von Seiten ihrer Umwelt erlitten haben, zu überwinden. Dann gewinnen sie wieder Zugang zu ihrer inneren Schönheit, die sie eigentlich nie verloren haben – sie haben sie nur nicht wahrgenommen, weil sie sie nicht zurückgespiegelt bekommen haben. Mit einem therapeutischen Gegenüber, der sie sieht und schätzt, wie sie aufgrund ihrer Seele sind, gesunden sie schnell. Ihr wahres Selbst war nur verschüttet. Sie haben nichts zu verlieren, nur etwas zu gewinnen.

Beim schönen Menschen, der wegen seiner Schönheit auf ein Podest gehoben wurde und sich in dieser Rolle gefällt, ist es viel schwerer, zum eigentlichen Wesenskern vorzudringen. Sein wahres Selbst ist vom falschen Selbst überdeckt – ich habe dafür das Bild der Maske gebraucht, die am Gesicht festgeklebt ist. Diese zu entfernen ist schmerzhaft. Es ist, als müsste man sich die Haut abreißen. Die Maske muss geduldig Schicht für Schicht gelöst werden. Natürlich wehren sich die Betreffenden dagegen, es tut erstens sehr weh. Zweitens ist es schwer, auf all die Privilegien zu verzichten, die sie bisher genossen haben. Und drittens – und das ist das schwerste Hindernis – kennen sie sich eigentlich nicht.

Sie haben anderen immer zur Verfügung gestanden. Sie haben von Kindesbeinen an gelernt, sich intuitiv auf jedes Gegenüber (auch auf den Therapeuten) einzustellen und dessen Wünsche zu erfüllen. Das heißt, sie verhalten sich verführerisch und sind selbst leicht verführbar. Da sie sich immer nur nach außen orientiert haben, sind sie nicht mit ihrem Wesenskern verbunden. Sie fühlen sich im Grunde ihres Herzens leer wie eine Hülse. Wirkliche Intimität können sie nicht spüren, obwohl sie ständig mit anderen intim sind. Sie wissen nicht, was sie selbst wollen, wohin ihr Lebensweg gehen soll. Spätestens beim Älterwerden, wenn der äußere Glanz abblättert, merken sie, dass ihnen etwas Entscheidendes fehlt. Wenn sie Glück haben, finden sie den Weg zur Therapie. Oder sie begegnen jemandem, der sie um ihrer selbst willen liebt und bereit ist, den langen Weg der Selbstfindung mitzugehen. Viele landen aber im Teufelskreis der Sucht, sei es in der Abhängigkeit von einer Substanz oder in suchtartigen Beziehungen. Leider fördert unsere narzisstische, auf Jugendlichkeit und Schönheit fixierte Gesellschaft solche Entwicklungen.

Was wäre die Alternative? Dazu noch einmal Christian Morgensterns Zitat: »Schön ist eigentlich alles, was man mit Liebe betrachtet.« Hier geht es um die innere Schönheit, die von innen erfahrene Vollendung. Der mit Liebe betrachtete Mensch ist schön, sei es das Kind in den Augen seiner Mutter, sei es die Frau in den Augen ihres Geliebten. Hier finden Spiegelung und Widerspiegelung statt. Der geliebte und sich selbst liebende Mensch ist schön, weil von ihm ein inneres Strahlen ausgeht.

- Wo deine Liebe ist, da ist dein Schatz.
  Martin Luther

Die Heilung
von Lebenslügen

Lebenslügen sind langlebig, sie halten sich zäh. Der Grund dafür liegt darin, dass sie aus dem Bedürfnis geboren sind, uns vor unliebsamen, ja unerträglichen Wahrheiten zu schützen. Aufgrund dieser Schutzfunktion behalten wir sie so lange bei, bis wir innerlich stark genug sind, der Wahrheit ins Gesicht zu schauen. Eine Heilung von Lebenslügen kann deshalb nur *von innen* kommen. Im Grunde unseres Herzens haben wir alle ein Bedürfnis nach Wahrhaftigkeit und Echtheit. Eine Lebenslüge hindert uns daran, ein freies und unbekümmertes Leben zu führen. Sie hindert uns, im Leben voranzuschreiten und weiterzukommen. Wir sind nicht imstande, tragfähige Beziehungen aufzubauen, wir geraten ständig in Sackgassen, wir drehen uns im Kreis. Wir meiden bestimmte Personen, Orte, Gesprächsthemen, sind ständig auf der Flucht vor der Wahrheit. Im Grunde fliehen wir vor uns selbst. All dies schafft einen hohen inneren Leidensdruck, der uns drängt, endlich einmal reinen Tisch zu machen.

Um so weit zu kommen, müssen sowohl innere als auch äußere Voraussetzungen gegeben sein. Wir müssen die innere Stärke besitzen, um schmerzliche Wahrheiten auszuhalten. Gleichzeitig müssen günstige äußere Bedingungen herrschen, die das Aussprechen der Wahrheit erst möglich machen. Es darf nicht zu einer Katastrophe kommen, wenn die Wahrheit auf den Tisch kommt.

Bedingungen, die die Auflösung von Lebenslügen und Selbsttäuschungen fördern

- *Erkenntnisfähigkeit:* Wir haben uns emotional, rational und intellektuell so weit entwickelt, dass wir die komplexen Zusammenhänge, die mit der Wahrheit einhergehen, verstehen können.
- *Aufklärung:* Unsere Umgebung (Familie, Partner, Freunde, Therapeuten) ist endlich bereit, uns über die wahren Zusammenhänge aufzuklären oder uns beizustehen, wenn wir uns auf die Suche nach der Wahrheit begeben beziehungsweise wenn wir zur Wahrheit stehen.
- *Emotionale Belastbarkeit:* Wir sind imstande, starke Gefühle wie Angst, Trauer, Wut, Scham und Schuld auszuhalten, die von der Wahrheit ausgelöst werden. Wir müssen schmerzliche, auch traumatische Erinnerungen ertragen können.
- *Emotionale Unterstützung:* Wir erfahren von unserer Umgebung (Familie, Partner, Freunde, Therapeuten) emotionale Unterstützung. Sie können uns in den heftigen Gefühlen, die durch die Wahrheit ausgelöst werden, Halt bieten und beistehen.
- *Unabhängigkeit:* Wir sind vom Elternhaus, vom Partner, vom Arbeitgeber oder von anderen Autoritäten psychisch und materiell so unabhängig geworden, dass wir es riskieren können, sie mit der Wahrheit zu konfrontieren.
- *Sackgasse:* Wir erkennen, dass wir mit unseren Lebenslügen in eine Sackgasse geraten sind und im Leben nicht mehr weiterkommen, wenn wir so weitermachen wie bisher. Dies kommt besonders an »Lebensschwellen«

vor (zum Beispiel in der Pubertät, am Ende der Schulzeit, auf der Suche nach einem Beruf, zu Beginn des Arbeitslebens, wenn wir arbeitslos werden, bei der Partnersuche, bei der Familiengründung, in der Lebensmitte, zu Ende des Erwerbslebens, beim Tod eines nahen Angehörigen oder sonstigen Schicksalsschlägen).

- *Schwere Krankheiten oder Unfälle:* Ungelöste seelische Probleme können psychosomatische Krankheiten auslösen oder Unfälle verursachen. Sie machen uns auf die Möglichkeit aufmerksam, dass etwas in unserem Leben nicht stimmt.
- *Beziehungskrise:* Unser Partner, unsere Freunde oder unsere Kinder sind nicht mehr bereit, bei unseren Lügen und Selbsttäuschungen mitzumachen. Sie fordern eine radikale Änderung, drohen mit ernsthaften Konsequenzen für die Beziehung. Manchmal geschieht dies, wenn sie selbst einen wichtigen Reifungsschritt gemacht haben oder in Therapie gehen und für sich klarer werden.
- *Tod oder Entmachtung einer Autorität oder eines Geheimnisträgers:* Wenn eine Autoritätsperson, die uns zur Wahrung eines gemeinsamen Geheimnisses (zum Beispiel eines Missbrauchs, einer kriminellen Handlung) gezwungen hat, stirbt oder entmachtet wird (wenn er oder sie alt wird, körperlich schwächer wird, ins Gefängnis kommt, Besuchsverbot bekommt), sind wir endlich frei, zur Wahrheit zu stehen, ohne Sanktionen und Repressalien zu befürchten. Dies gilt ebenso, wenn wir aus Loyalität und Liebe an sie gebunden waren.
- *Lösung von einer repressiven Gruppe:* Das Gleiche gilt, wenn eine Gruppe, die uns psychisch, physisch oder finanziell abhängig gemacht und terrorisiert hat, ihre

Macht über uns verliert (Familie, Clique, Bande, politische oder religiöse Bewegung, diktatorisches Regime, nach Flucht und Asylgewährung).
- *Unerträglicher Leidensdruck:* Wenn das Leid der Geheimhaltung so groß geworden ist, dass wir trotz äußeren Druckes bereit sind, die Wahrheit preiszugeben.
- *Unterstützung von unabhängiger Seite:* Wenn wir Unterstützung von neutraler amtlicher Seite erhalten (Schule, Polizei, Rechtsanwälte, Gerichte, Frauenhäuser, Selbsthilfegruppen, Lehrer, Ärzte, Psychotherapeuten, Sozialarbeiter, Seelsorger).
- *Wiederbegegnung:* Wenn ein alter Freund oder Feind, eine frühere Geliebte, ein entschwundener Verwandter, ein verleugnetes Kind unerwartet auftaucht oder wenn wir vom plötzlichen Tod eines nahen Menschen erfahren, werden wir aus unserem Alltagstrott aufgerüttelt und mit unserer Vergangenheit konfrontiert.
- *Lüftung eines Familiengeheimnisses:* Wenn unerwartet ein bisher unbekanntes Familiengeheimnis gelüftet wird, müssen wir uns mit den Lügen und Tabus in der Familie auseinander setzen. Das Gleiche gilt für den beruflichen Bereich und unser politisches System, wenn wohl gehütete Geheimnisse wie Korruption und Amtsmissbrauch bekannt werden.
- *Im Alter:* Wenn wir im Alter auf alte Schuld, gescheiterte Beziehungen oder versäumte Gelegenheiten zurückblicken, möchten wir sie bereinigen und hinter uns lassen, damit wir guten Gewissens unser Leben abschließen können.

Häutungen

Eine Heilung von Lebenslügen kann wie gesagt nur *von innen* geschehen. Die betreffende Person muss innerlich stark genug sein, um die Wahrheit zu ertragen. So kann die Entlarvung einer Lebenslüge nur von innen her geschehen. Denn die Maske hat einst die Person sich selbst angelegt. Im Laufe der Zeit ist sie »angewachsen«, sie ist Teil ihrer selbst geworden. Wenn man versuchen würde, ihr die Maske von außen abzureißen, würde man sie empfindlich verletzen. Deshalb ist die gewaltsame Preisgabe von Familiengeheimnissen ohne sorgfältige Vorbereitung ein fragwürdiges Unterfangen. Sie verletzen oft mehr, als dass sie heilen.

Eine Maske, die zu einem Teil der Identität einer Person geworden ist, lässt sich nicht wie ein Kleidungsstück an- oder ausziehen. Sie ist wie ein Stück Haut geworden – und wie bei der Häutung einer Schlange müssen wir warten, bis die Person von innen her so gewachsen ist, dass sie in diese Haut nicht mehr hineinpasst und von sich aus das Bedürfnis verspürt, sich aus dem beengenden Gefängnis ihrer äußeren Hülle, das heißt ihres alten, nun falschen, besser: falsch gewordenen Selbst zu lösen. Dann erst kann sie sich häuten. Es ist wie eine Neugeburt.

Wer einmal die Häutung einer Schlange miterlebt hat, weiß, welch langwierigen, wohl schmerzlichen Prozess die Häutung darstellt. Übertragen auf das Ablegen einer Lebenslüge bedeutet dies, dass wir warten müssen, bis wir langsam zu »groß« geworden sind für die Lebenslüge. Es beginnt sich alles zu spannen. Die Illusion bietet nicht mehr die bequeme Behausung, die sie einst gewesen ist. Es wird ungemütlich darin. Man fühlt sich beengt, bedrückt. Man könnte »aus den Nähten platzen«.

Gleichzeitig hat man das bange Gefühl, als ob man sterben müsste. In der Tat stirbt etwas in einem: Wenn man die seelische »Haut« abstreift, verliert man seine bisherige Identität. Damit riskiert man den Verlust lieb gewonnener Halbwahrheiten, möglicherweise auch Freundschaften und Familienbande – alles, womit man sich bisher identifiziert hat. Wenn man die Maske ablegt, hört ja, wie im Theater, das Spiel auf. Was wird passieren, wenn das Spiel aus ist?

In diesem Widerstreit der Gefühle wächst aber auch der Verdacht, dass etwas im eigenen Leben nicht stimmt. Es überkommt einen das klamme Gefühl, sich in eine Sackgasse verrannt zu haben. Man wird älter und kommt einfach in seinem Leben nicht weiter. Das Gefühl, unglücklich zu sein, obwohl alle äußeren Bedingungen stimmen, macht sich breit. Es wächst zugleich das innere Bedürfnis nach Wahrheit, nach Echtheit und Eindeutigkeit. Man wird des Doppellebens müde, der inneren doppelten Buchführung, der Doppelbotschaften. Es schmeckt alles auf einmal schal. Mit dem Älterwerden wird die Zeit knapp. Man sehnt sich nach einem Lebenssinn, einem Ziel, wofür es zu leben lohnt.

Die Grundfrage stellen

Auf einmal trifft es einen wie ein Blitzstrahl: »Kann es sein, dass die Grundlage, auf der ich mein Leben aufgebaut habe, nicht stimmt?« Ist dieser Zweifel erst einmal erwacht, hat man keine Ruhe mehr. Auch wenn man versucht, zur Tagesordnung zurückzukehren und das gewohnte Leben weiterzuführen – es klappt einfach nicht mehr. Immer öfter beschleichen einen die Zweifel, immer häufiger ertappt man sich dabei, dass man sich ein ganz anderes Leben vorstellt. Der innere Kampf um das bisherige Selbstbild und Lebenskonzept ist voll entbrannt. Man gerät in eine existenzielle Krise.

Irgendwann wird der Status quo so unerträglich, dass man den Mut fasst, der Sache endlich auf den Grund zu gehen. Nun bricht man auf, um nach therapeutischer Hilfe zu suchen. Oder man traut sich endlich, einen Familienangehörigen nach der Wahrheit aus der Vergangenheit zu fragen. Oder man fragt einen vertrauten Menschen: »Stimmt mein bisheriges Bild von mir oder sitze ich einer Selbsttäuschung auf? Kann es sein, dass mein ganzes Leben auf einer Lüge aufgebaut ist?«

Damit hat man den wichtigsten Schritt getan, um aus der Lebenslüge herauszukommen. Entscheidend ist gar nicht so sehr die Antwort, die wir erhalten. Entscheidend ist unsere Bereitschaft, unser bisheriges Leben in Frage zu stellen. Mit dieser grundsätzlichen Frage wagen wir uns, bildlich gesehen, aus dem Hafen unserer Scheinsicherheit hinaus aufs offene Meer. Wir verzichten auf die gewohnte Bequemlichkeit, die gleichzeitig Lähmung und Stagnation mit sich gebracht hat, und springen ins kalte Wasser. An den Grenzen unserer Existenz gibt es keine Sicherheiten. Wir sind auf uns selbst gestellt. Wir müssen uns auf unseren inneren Kompass und unseren inneren Führer verlassen. Es kann sein, dass wir dabei umkommen. Aber wir wissen auch, dass wir eines schleichenden Todes sterben würden, wenn wir in unseren Selbsttäuschungen und Illusionen verharrten.

Was geschieht, wenn wir unsere Lebenslüge aufdecken?

Die Lüftung von Lebenslügen und -geheimnissen ist ein schmerzlicher Prozess. Wir werden konfrontiert mit den unangenehmen Wahrheiten, die wir bisher verleugnet haben. Verdrängte Erinnerungen und verleugnete Gefühle tauchen aus der Versenkung auf – Scham, Schuld, Trauer, Angst, Wut, Liebe. In dieser Phase kann therapeutische Begleitung uns helfen, dem Ansturm der Gefühle standzuhalten, unsere Gedanken zu sortieren und unser Leben neu zu ordnen.

Denn mit der Aufdeckung der Lebenslüge ist alles in Unordnung geraten – unser Gefühlsleben, unser bisheriges Lebenskonzept, unsere Beziehungen. Vielleicht ist es aber passender zu sagen: Endlich hört es mit der Unordnung auf! Das Lügengebäude, das aus unseren Selbsttäuschungen und Träumen bestanden hat, bricht zusammen. Der Nebel unserer Illusionen verzieht sich, das Gefühl der Unwirklichkeit hebt sich. Es wird allmählich heller, wir atmen endlich durch.

Jedoch hat das Vergangene lauter Trümmer hinterlassen. Nun geht es darum, die Trümmer zu beseitigen, um neuen Lebensraum zu schaffen. Wie nach einem Krieg gilt es aufzuräumen, unsere Verhältnisse neu zu ordnen.

Besonders unsere Beziehungen müssen neu geordnet werden. Aufgrund unserer Lebenslügen haben sich irreale Beziehungen und Konstellationen gebildet, die nun in Frage gestellt, beendet oder verändert werden müssen. Dieser Prozess der Umstrukturierung ist schmerzlich, manchmal auch langwierig. Er braucht Zeit, Geduld und Verständnis. Manchmal müssen harte Auseinandersetzungen geführt werden. Man muss bekennen, dass man sich und anderen etwas vorgemacht hat. Man muss auch seinen Beziehungspartnern die Zeit einräumen, mit der neuen Realität fertig zu werden. Es kann sein, dass der Lebenspartner, dass Familienangehörige und Freunde die Beziehung aufkündigen, weil sie sich getäuscht fühlen. Manche werden sich weigern, die plötzliche Kehrtwendung mitzuvollziehen, weil sie alles beim Alten lassen wollen. Andere werden erleichtert reagieren, weil sie unter den unklaren Verhältnissen gelitten oder aus Rücksicht geschwiegen haben. Geheimnisträger, die bisher an den Täuschungen mitgetragen haben, können endlich ihr Schweigen brechen. Es kann sein, dass sich der Bekannten- und Freundeskreis neu strukturiert, dass alte Verbindungen abbrechen und neue entstehen. Die Familienkonstellation wird sich vielleicht auch ändern. Alte Loyalitäten lösen sich auf, während neue Verbindungen geknüpft werden.

Auch äußerlich kann sich manches ändern. Es könnte sein, dass man aufgrund der neu gewonnenen Einsichten etwas Grundsätzliches in seinem Leben verändern will: den Wohnort, den Beruf oder Arbeitsplatz. Vielleicht muss man seine finanziellen Verhältnisse neu ordnen, etwa nach einer Trennung oder Scheidung. Wenn Kinder mit betroffen sind, muss man auch die Familienverhältnisse neu regeln.

Es ist besonders bei der Umstrukturierung von Familienbeziehungen wichtig, sich Zeit zu lassen. Man muss innerhalb der Familie Verbündete finden, Abwehr und Misstrauen abbauen und um Verständnis für den neuen Lebensweg werben. Die Eröffnung eines Lebensgeheimnisses schlägt immer hohe Wellen im engen Familien- und Beziehungsgeflecht und man muss aufpassen – um im Bild zu bleiben –, dass kein Boot dabei kentert. Bei der Aufdeckung eines Missbrauchs oder der Offenlegung einer bisher verschwiegenen Herkunft eines Kindes etwa muss man sich überlegen, zu welchem Zeitpunkt und gegenüber welchen Angehörigen man das Geheimnis lüftet. Da dies ein Vorgang ist, der alle in der Familie betrifft, ist es ratsam, die einzelnen Schritte mit Vertrauten gut durchzusprechen und vorzubereiten.

In dieser Phase der Rekonstruktion der inneren und äußeren Realität braucht man Geduld und Durchhaltevermögen. Wir müssen mit Rückschlägen rechnen. Rückfälle in alte, lieb gewonnene Gewohnheiten und Verhaltensmuster sind programmiert. Dennoch gilt es, den Mut nicht zu verlieren und den eingeschlagenen Weg beizubehalten. Es kann Monate, ja sogar Jahre dauern, bis man sein Leben neu geordnet hat und einen Neubeginn starten kann. Aber es lohnt sich.

Schlussbemerkung

Unsere Möglichkeiten der Erkenntnis sind immer begrenzt. Wir werden nie zu einer endgültigen Wahrheit gelangen, die nicht irgendwann durch eine neue Erkenntnis umgestoßen wird. Was wir tun können, ist, uns offen zu halten, uns geöffnet zu halten wie ein Buch, ein aufgeschlagenes Tagebuch, in dem wir Tag für Tag unsere kleinen Fortschritte aufzeichnen, genauso gewissenhaft wie die Rückschritte. Aus der Summe all unserer Vor- und Rückwärtsbewegungen, die Seitenbewegungen eingeschlossen, wird sich vielleicht irgendwann ein Muster herausschälen, wird eine Melodie oder ein Tanz entstehen, aus dem wir den Sinn unseres Bemühens herauslesen, entziffern, erfühlen können. Wichtig sind vielleicht nicht einmal die Antworten, die wir erhalten, wie klug sie auch sein mögen, sondern ist das fortgesetzte, beherzte Fragen.

Lebenslügen sind somit vorläufige Antworten, die sich irgendwann überlebt haben. Wir können sie liebevoll betrauern und ehrenvoll begraben, um dann mit leerem Geist und vollem Herzen auf die nächste Frage – und deren Antwort – zu warten. Schlichte Wahrheiten erweisen sich dann als gar nicht so schlicht, wie sie erscheinen, denn sie bergen in sich die nächste Frage. In der fortgesetzten Verzauberung und Entzauberung, gefolgt von der nächsten Verzauberung, besteht unser Weg.

Ich möchte mit einem Gedicht von Rilke schließen, das mir Mechthild Kadura, eine frühere Mitarbeiterin, geschenkt hat. Es hat schon vielen Klienten und Seminarteilnehmern Mut gemacht.

Man muss den Dingen die eigene,
stille, ungestörte Entwicklung lassen,
die tief von innen kommt
und durch nichts gedrängt
oder beschleunigt werden kann;
alles ist ausgetragen –
und dann gebären ...

Reifen wie ein Baum,
der seine Säfte nicht drängt
und getrost in den Stürmen des Frühlings steht,
ohne Angst,
dass dahinter kein Sommer kommen könnte.

Er kommt doch!

Aber er kommt nur zu den Geduldigen,
die da sind, als ob die Ewigkeit vor ihnen läge,
so sorglos still und weit ...

Man muss Geduld haben,
gegen das Ungelöste im Herzen,
und versuchen,
die Fragen selber lieb zu haben
und wie Bücher,
die in einer sehr fremden Sprache geschrieben sind.

Es handelt sich darum,
alles zu leben.
Wenn man die Fragen lebt,
lebt man vielleicht allmählich,
ohne es zu merken,
eines fremden Tages
in die Antwort hinein.

Rainer Maria Rilke

Dank

Ich bin sehr dankbar für die Hilfe, die ich von allen Seiten für dieses Buchprojekt erhalten habe. Das Interesse vieler Menschen am Thema »Lebenslügen« hat mich sehr darin bestärkt, mich näher damit zu beschäftigen. Allen, mit denen ich über das Thema gesprochen habe, danke ich ganz herzlich. Vor allem habe ich mich gefreut über ihre persönlichen Erfahrungen mit Lebenslügen. Diese haben dem Thema erst das »Fleisch« gegeben.

Besonders dankbar bin ich für das Vertrauen der Menschen, mit denen ich arbeiten durfte und darf. Viele Facetten ihrer Geschichten spiegeln sich in den hier beschriebenen Beispielen, deren persönlicher Hintergrund selbstverständlich unkenntlich gemacht worden ist.

Den Kolleginnen und Kollegen, die auf dem Lehrtherapeuten-Treffen des Instituts für Integrative Gestalttherapie im Januar 2004 mit mir ihre persönlichen und beruflichen Erfahrungen zum Thema »Lebenslügen« geteilt haben, danke ich für den wunderbaren Austausch.

Mechthild Kadura, die mir während der letzten vier Jahre in meinen Familienaufstellungsseminaren assistiert hat, danke ich für ihre Unterstützung.

Es sind vor allem Hansjörg Baumann, Brigitta de las Heras, Beate Schmitz und Claus Haupt, die sich die Mühe gemacht haben, das Manuskript durchzulesen und mit mir zu besprechen, denen ich zu Dank verpflichtet bin. Insbesondere Hansjörg Baumann hat mich durch unsere

Gespräche darin ermutigt, das Buch von Grund auf neu zu schreiben. Brigitta de las Heras, mit der ich *Scham und Leidenschaft* geschrieben habe, hat mich persönlich sehr bestärkt mit ihrer Rückmeldung. Beate Schmitz hat mir den Blick auf einen wichtigen Aspekt gelenkt.

Meiner Therapeutin danke ich für ihre Begleitung. Ihr verdanke ich die persönliche Entwicklung, die ich die letzten Jahre machen durfte.

Meiner Frau danke ich besonders dafür, dass sie mein Schreiben mit viel Geduld und Toleranz begleitet hat, für die wunderbare Umgebung, die sie geschaffen hat und in der ich dieses Buch schreiben durfte, und für die Einladung zur Zen-Meditation, die mir viel Ruhe und Gelassenheit vermittelt.

Meinen drei Kindern bin ich dankbar dafür, dass sie mein Leben so bereichert haben und den Blick auf das Wesentliche im Leben gelenkt haben.

Meiner Familie und Schwiegerfamilie bin ich dankbar für den wunderbaren Lebensrahmen, den sie mir geschenkt haben.

Meiner Island-Gruppe danke ich dafür, dass sie mir gute Wünsche aus den Dolomiten geschickt hat, obwohl sie auf meine Teilnahme zur Wanderung verzichten musste. Ich schwitzte noch am Manuskript. Das nächste Mal werde ich hoffentlich wieder dabei sein.

Einen herzlichen Dank an meine Lektoren Dagmar Olzog und Gerhard Plachta vom Kösel-Verlag, die mich die letzten zehn Jahre mit ihrem Wohlwollen und ihrem Interesse begleitet haben. Ich hoffe, dass wir noch manch ein Buchprojekt verwirklichen werden!

Zuletzt gedenke ich Ingo Gerstenbergs, dessen Tod mich daran erinnerte, wie kurz und kostbar das Leben ist.

Anmerkungen

1. Verena Kast: *Trauer. Phasen und Chancen des psychischen Prozesses,* Stuttgart: Kreuz, 25. Aufl. 2002
2. Otto Friedrich Bollnow: *Wesen und Wandel der Tugenden,* Frankfurt/M.: Ullstein 1973, zitiert aus: Ulrich Wickert: *Das Buch der Tugenden,* Hamburg: Hoffmann und Campe 1995, S. 229 ff. (Hervorhebungen durch den Zitierenden)
3. Victor Chu und Brigitta de las Heras: *Scham und Leidenschaft,* Zürich: Kreuz, 2. Aufl. 1995, S. 20 (vergriffen, Kopien sind über den Autor beziehbar, Adresse siehe S. 4)
4. Ebd., S. 21
5. Gottfried Fischer und Peter Riedesser: *Lehrbuch der Psychotraumatologie,* Stuttgart: UTB, 3., aktual. u. erw. Aufl. 2003
6. Nach Wolfgang Rost: *Emotionen. Elixiere des Lebens,* Berlin, Heidelberg: Springer 1990, S. 266
7. Nach der Zeitschrift *Lenz,* H. 8/2004, S. 18
8. Friedrich Kluge: *Etymologisches Wörterbuch der deutschen Sprache,* Berlin, New York: de Gruyter, 24., durchges. u. erw. Aufl. 2002, S. 395
9. Claudia Heyne: *Tatort Couch. Sexueller Missbrauch in der Therapie,* Zürich: Kreuz 1991, und *Täterinnen. Offene und versteckte Aggression von Frauen,* Stuttgart: Kreuz 1993
10. Mike Lew: *Als Junge mißbraucht. Wie Männer sexuelle Ausbeutung in der Kindheit verarbeiten können,* München: Kösel, 3. Aufl. 2001, S. 67
11. Victor Chu und Brigitta de las Heras: *Scham und Leidenschaft,* a.a.O., S. 41
12. Vgl. Michael Titze: *Die heilende Kraft des Lachens. Mit Therapeutischem Humor frühe Beschämungen heilen,* München: Kösel, 5. Aufl. 2004
13. Charlie Browns Erfinder, Charles Schulz, starb 2001. Kurz vor seinem Tod fasste er die schönsten Comics der »Peanuts« zusammen in: Charles M. Schulz: *50 Jahre Peanuts. Das große Jubiläumsbuch,* Frankfurt/M.: Baumhaus 2000
14. Norman Cousins: *Der Arzt in uns selbst,* Reinbek: Rowohlt 1984

15 Victor Chu: *Liebe, Treue und Verrat. Von der Schwierigkeit, sich selbst und dem Partner treu zu sein*, München: Kösel 1995, S. 234 ff. (vergriffen, Kopien sind über den Autor erhältlich, Adresse siehe S. 4)
16 Klaus Kordon: *Die Zeit ist kaputt. Die Lebensgeschichte des Erich Kästner*, Weinheim: Beltz 1998
17 Eine Familienaufstellung ist eine therapeutische Gruppenmethode, in der die Teilnehmer ihre Familien mit Hilfe der anderen Teilnehmer im Raum aufstellen können. Dabei spielen die anderen Teilnehmer die Rolle der Familienangehörigen (als deren Stellvertreter). In der Familienaufstellung können die Beziehungen der Familienmitglieder untereinander, ihre gegenseitigen Verstrickungen und die Auswirkung von Ereignissen aus vorherigen Generationen dargelegt und bearbeitet werden.
18 John Lennon: »Beautiful Boy«, aus dem Album *Double Fantasy*
19 Vgl. dazu Victor Chu: *Jongleure der Lebensmitte. Von der Kunst, Kinder, Eltern und eigene Bedürfnisse unter einen Hut zu bringen*, München: Kösel 1999
20 Ervin Laszlo: *You can change the world. Wie kann ich die Welt verändern? Anleitung zum persönlichen Handeln*, Petersberg: Via Nova 2003
21 Marianne Gronemeyer: *Das Leben als letzte Gelegenheit. Sicherheitsbedürfnisse und Zeitknappheit*, Darmstadt: Wissenschaftliche Buchgesellschaft, 2. Aufl. 1996
22 Aldous Huxley: *Schöne neue Welt*, Frankfurt/M.: Fischer-TB, 61. Aufl. 2003
23 Christian Morgenstern: *Stufen und andere Aphorismen und Sprüche*, München: Piper 1995

Zusammenstellung der Beispiele

Angst und Panik
Panikattacken, Seite 55
Allein gelassene Kinder, Seite 60 f.

Beruf und Karriere
Falsche Berufswahl, Seite 14
Der Vater durfte nicht studieren, Seite 157

Diskriminierung
Diskriminierung und Scham, Seite 84 ff.

Ehe, Liebe und Sexualität
Verlassener Ehemann, Seite 14 f.
Fehlende Leidenschaft in der Ehe, Seite 15
Abhängigkeit in der Ehe, Seite 78 ff.
Hassliebe, Seite 82
Streit in der Liebe, Seite 77 ff.
Ungleiche Arbeitsteilung in der Ehe, Seite 79, 179 ff.
Arbeitslosigkeit und ihre Auswirkung auf die Ehe, Seite 79
Männliche Dominanz, Seite 76
Mischehen, Seite 88 f.
Partnerwahl nach dem Vorbild der Eltern, Seite 145 ff.
»Ich hätte einen besseren Partner verdient«, Seite 125 ff.
»Mein Partner hätte etwas Besseres« verdient, Seite 125 ff.
Der Vater liebte eine andere, Seite 144 f.
Die Mutter wollte ins Kloster, Seite 145 f.
Der Verlobte der Mutter fiel im Krieg, Seite 146
Die Mutter verachtet den Vater, Seite 146 f.
Verleugnung von Problemen in der Ehe, Seite 172
Überlebte Lebenskonzepte eines Paares, Seite 179 ff.

Eltern-Kind-Beziehung
»Meine Mutter liebt mich nicht«, Seite 14
Mädchen, das als Junge behandelt wird, Seite 86
Trauer der Mutter um ein totes Kind, Seite 158

Familie und Familiengeheimnis (siehe auch »Ehe«)
Familienschande, Seite 86 ff.
Vergewaltigung als Familienschande, Seite 89 f.
Inzest als Familienschande, Seite 89 f.
Der Vater war bei der SS, Seite 156 f.
Der Vater verheimlicht seine Homosexualität, Seite 161
Die Tabuisierung von Familiengeheimnissen, Seite 167 ff.

Freundschaft
Vom Freund betrogen werden, Seite 15 f.

Gewalt
Gewalt zwischen Mann und Frau, Seite 76 f.

Herkunft eines Kindes
Die wahre Herkunft eines Kindes wird verschwiegen, Seite 150 ff.
Erich Kästner, Seite 154 ff.

Kollektive Lebenslügen
Jugendlichkeitskult, Seite 16 f., 195 ff.
Klimawandel, Seite 17
Bequemlichkeit und Effizienz, Seite 185 ff.
Sicherheitswahn, Seite 188 ff.

Beschleunigungswahn, Seite 191 ff.
Schönheitssucht, Seite 195 ff.

Krieg
Kollektive Verdrängung von Kriegserinnerungen, Seite 70 f.
Heldentod (unverarbeitete Kriegsvergangenheit), Seite 159 f.
Späte seelische Folgen des Zweiten Weltkriegs, Seite 175 f.

Liebe
Blinde Liebe, Seite 115
Vergebliche Liebesmühe, Seite 120 ff.
Traumfrau und Märchenprinz, Seite 120 ff.

Märchen
»Dornröschen«, Seite 41 ff.
»Die kleine Meerjungfrau«, Seite 133 ff.
»Das hässliche Entlein«, Seite 153
»Allerleirauh«, Seite 204 ff.

Politische Lügen
Spendenaffären, Seite 17 f.

Scham
Sündenbock (Projektion), Seite 80 ff.

Scham bei Auswanderern und
  Vertriebenen, Seite 85 f.
Scham wegen Diskriminierung
  des Geschlechts, Seite 86
Scham wegen Schichtzugehörig-
  keit, Seite 86

Schönheit

Schönheitssucht, Seite 195 ff.
Marilyn Monroe, Seite 199
Das Scheitern von Beziehungen
  schöner Menschen, Seite 200

Schuld (siehe unter »Krieg«, »Sexueller Missbrauch«)

Selbstbild und Körperbild

Selbstbild (falsche Bescheiden-
  heit), Seite 15, 126 f.
Körperliche Taubheit und
  Selbstentfremdung, Seite 40 f.

Sexueller Missbrauch

Sexueller Missbrauch, Seite 14,
  90 ff.
Sich wehren gegen Missbrauch,
  Seite 75 ff.
Täterinnen, Seite 95 f.
Jungen als Opfer sexuellen
  Missbrauchs, Seite 97 f.

Sucht (siehe auch unter »Kollektive Lebenslügen«)

Sucht (Rauchen und Fernsehen), Seite 40

Co-Abhängigkeit, Seite 102
Sucht als Flucht vor der inneren Leere, Seite 190 ff.

Tod und Vergänglichkeit

Tod und Vergänglichkeit, Seite
  8 f., 193 f.
Verleugnung des Todes, Seite
  73 f.
Trauer der Mutter um ein totes Kind, Seite 158

Traumata

Verleugnung eines Traumas,
  Seite 68

Uneheliche Geburt

Uneheliche Geburt, Seite 13,
  150 ff.
Schwangerschaft vor der Ehe,
  Seite 142

Literatur

Ackerman, Robert J.: *Silent Sons. A Book for and about Men*, New York: Simon & Schuster 1993

Andersen, Hans Christian: *Andersens Märchen*, Hamburg: Dressler 1998

Assmann: Aleida: *Erinnerungsräume. Formen und Wandlungen des kulturellen Gedächtnisses*, München: C.H. Beck 1999

Bok, Sissela: *Lügen. Vom täglichen Zwang zur Unaufrichtigkeit*, Reinbek: Rowohlt 1982

Bollnow, Otto Friedrich: *Wesen und Wandel der Tugenden*, Frankfurt/M.: Ullstein 1973, zitiert aus: Ulrich Wickert: *Das Buch der Tugenden*, Hamburg: Hoffmann und Campe 1995

Bradshaw, John: *Familiengeheimnisse. Warum es sich lohnt, ihnen auf die Spur zu kommen*, München: Goldmann 1999

Chu, Victor: *Casablanca oder wohin die Sehnsucht dich trägt. Unerfüllte Liebe und andere Leidenschaften*, München: Kösel, 2. Aufl. 1998 (vergriffen, Kopien sind über den Autor erhältlich, Adresse siehe Seite 4)

Chu, Victor: *Liebe, Treue und Verrat. Von der Schwierigkeit, sich selbst und dem Partner treu zu sein*, München: Kösel 1995 (vergriffen, Kopien sind über den Autor erhältlich, Adresse siehe Seite 4)

Chu, Victor, de las Heras, Brigitta: *Scham und Leidenschaft*, Zürich: Kreuz, 2. Aufl. 1995 (vergriffen, Kopien sind über den Autor erhältlich, Adresse siehe Seite 4)

Cousins, Norman: *Der Arzt in uns selbst*, Reinbek: Rowohlt 1984

Dornes, Martin: *Der kompetente Säugling. Die präverbale Entwicklung des Menschen*, Frankfurt/M.: S. Fischer 1993

Fischer, Gottfried, Riedesser, Peter: *Lehrbuch der Psychotraumatologie*, Stuttgart: UTB, 3., aktual. u. erw. Aufl. 2003

Goleman, Daniel: *Lebenslügen. Die Psychologie der Selbsttäuschung*, München: Heyne, 4. Aufl. 2001

Grimm, Jacob u. Wilhelm: *Die Kinder- und Hausmärchen der*

Brüder Grimm, 3. Nachdruck der Ausgabe Kassel 1812/1814, Lindau: Antiqua 1988

Gronemeyer, Marianne: *Das Leben als letzte Gelegenheit. Sicherheitsbedürfnisse und Zeitknappheit*, Darmstadt: Wissenschaftliche Buchgesellschaft, 2. Aufl. 1996

Johnson, Stephen M.: *Characterological Transformation. The Hard Work Miracle*, New York, London: Norton 1985

Kästner, Erich: »Das doppelte Lottchen«, aus: *Kästner für Kinder*, Zürich: Atrium 1985

Kast, Verena: *Trauern. Phasen und Chancen des psychischen Prozesses*, Stuttgart: Kreuz, 25. Aufl. 2002

Kordon, Klaus: *Die Zeit ist kaputt. Die Lebensgeschichte des Erich Kästner*, Weinheim: Beltz 1998

Kübler-Ross, Elisabeth: *Interviews mit Sterbenden*, München: Droemer Knaur 2001

Laszlo, Ervin: *You can change the world. Wie kann ich die Welt verändern? Anleitung zum persönlichen Handeln*, Petersberg: Via Nova 2003

Levine, Peter A.: *Trauma-Heilung. Das Erwachen des Tigers*, Essen: Synthesis 1998

Mangelsdorf, Cornelia: *Was Frauen wollen. Und wie sie es von Männern bekommen*, Stuttgart: Kreuz 2003

Maurer, Heike: *Wenn Männer lügen. Wie Sie ihm auf die Schliche kommen*, Reinbek: Rowohlt-TB 2002

Morgenstern, Christian: *Stufen und andere Aphorismen und Sprüche*, München: Piper 1995

Rost, Wolfgang: *Emotionen. Elixiere des Lebens*, Berlin, Heidelberg: Springer 1990

Skupy, Hans-Horst (Hrsg.): *Das große Handbuch der Zitate von A–Z*, München: Bertelsmann 1993

Stalfelt, Pernilla: *Und was kommt dann? Das Kinderbuch vom Tod*, Frankfurt/M.: Moritz, 6. Aufl. 2003

Stalfelt, Pernilla: *Wenn Herzen klopfen ... Das Kinderbuch von der Liebe*, Frankfurt/M.: Moritz, 2. Aufl. 2003

Titze, Michael: *Die heilende Kraft des Lachens. Mit Therapeutischem Humor frühe Beschämungen heilen*, München: Kösel, 5. Aufl. 2004

Ulitzkaja, Ljudmila: *Die Lügen der Frauen*, München: Hanser 2003

Wickert, Ulrich: *Das Buch der Tugenden*, Hamburg: Hoffmann und Campe 1995

Was bestimmt die Dynamik in Partnerschaften?

Peter Orban
DIE KRAFT, DIE IN DER LIEBE WIRKT
Verstrickungen in Partnerschaften und ihre Lösung
240 Seiten. Gebunden
ISBN 3-466-30583-7

Viele Menschen fragen sich, warum sie in Partnerschaften immer wieder an die »Falschen« geraten, warum scheinbar alle anderen in glücklichen Beziehungen leben, nur sie selbst nicht, ja warum es generell nicht klappen will mit der Liebe.
Der Schlüssel hierzu liegt oft in der Vergangenheit. Es gibt Partnerschaften, in denen frühere Beziehungen noch nicht verarbeitet sind oder in denen ein Partner mit dem gegengeschlechtlichen Elternteil oder einem anderen, vielleicht längst verstorbenen Verwandten eng verbunden ist. Peter Orban zeigt die möglichen Verstrickungen in diesen Partnerschaftsformen sowie Wege, wie sie gelöst werden können.

Kompetent & lebendig.
PSYCHOLOGIE & LEBENSHILFE

Kösel-Verlag, München, e-mail: info@koesel.de
Besuchen Sie uns im Internet: www.koesel.de

Versöhnung
mit den Eltern

Cornelia Nack
ZWISCHEN LIEBE, WUT UND PFLICHTGEFÜHL
Frieden schließen mit den
älter werdenden Eltern
224 Seiten. Kartoniert
ISBN 3-466-30653-1

Die eigenen Eltern werden alt. Dies erfordert einen Rollentausch. Es sind jetzt die 40- bis 60-jährigen Kinder, die den Eltern aufgrund ihrer wachsenden Hilfsbedürftigkeit zur Seite stehen.
Doch was, wenn die Beziehung von unbewältigten, immer wieder aufflammenden Konflikten überschattet wird?
Cornelia Nack beschreibt, warum sich die Beziehung von Eltern und erwachsenen Kindern oft über große Zeiträume hinweg schwierig gestaltet. Sie zeigt mit vielen Beispielen, wie die Versöhnung mit den Eltern gelingt, damit während der letzten gemeinsamen Jahre ein positives Miteinander möglich wird.

Kompetent & lebendig.
PSYCHOLOGIE & LEBENSHILFE

Kösel-Verlag, München, e-mail: info@koesel.de
Besuchen Sie uns im Internet: www.koesel.de

Victor Chu
bei Kösel

Familienaufstellungen können dabei helfen, familiäre Verstrickungen aufzudecken und Verantwortung fürs eigene Leben zu übernehmen.

Victor Chu
DIE KUNST, ERWACHSEN ZU SEIN
Wie wir uns von den Fesseln der Kindheit lösen
240 Seiten. Kartoniert
ISBN 3-466-30553-5

Die Aufgaben, das Lebensgefühl und die Chancen der »Sandwichgeneration«, deren Bedürfnisse zwischen Kindern und eigenen Eltern oft zu kurz kommen.

Victor Chu
JONGLEURE DER LEBENSMITTE
Von der Kunst, Kinder, Eltern und eigene Bedürfnisse unter einen Hut zu bringen
180 Seiten. Kartoniert
ISBN 3-466-30494-6

Kompetent & lebendig.
PSYCHOLOGIE & LEBENSHILFE

Kösel-Verlag, München, e-mail: info@koesel.de
Besuchen Sie uns im Internet: www.koesel.de